AF276390

COLEX

Disfrute gratuitamente **DURANTE UN AÑO** de los eBook y audiolibros de las obras de Editorial Colex*

- ⊘ Acceda a la página web de la editorial **www.colex.es**

- ⊘ Identifíquese con su usuario y contraseña. En caso de no disponer de una cuenta regístrese.

- ⊘ Acceda en el menú de usuario a la pestaña «Mis códigos» e introduzca el que aparece a continuación:

RASCAR PARA VISUALIZAR EL CÓDIGO

- ⊘ Una vez se valide el código, aparecerá una ventana de confirmación y su eBook y/o audiolibro estará disponible **durante 1 año desde su activación** en la pestaña «Mis libros» en el menú de usuario.

---

* Los audiolibros están disponibles en las ediciones más recientes de nuestras obras. Se excluyen expresamente las colecciones «Códigos comentados», «Biblioteca digital» y los productos de www.vademecumlegal.es.

No se admitirá la devolución si el código promocional ha sido manipulado y/o utilizado.

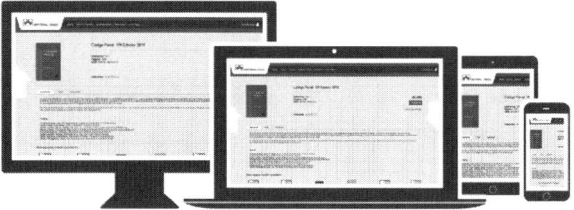

¡Gracias por confiar en nosotros!

La obra que acaba de adquirir incluye de forma gratuita la versión electrónica. Acceda a nuestra página web para aprovechar todas las funcionalidades de las que dispone en nuestro lector.

Funcionalidades eBook

Acceso desde cualquier dispositivo con conexión a internet

Idéntica visualización a la edición de papel

Navegación intuitiva

Tamaño del texto adaptable

Síguenos en: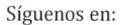

CURSO DE PROMPTS JURÍDICOS CON JURÍDICOS CON IBERLEY IA Y ChatGPT

© Editorial Colex, S.L.
Calle Costa Rica, número 5, 3.º B (local comercial)
A Coruña, C.P. 15004
info@colex.es
www.colex.es

I.S.B.N.: 978-84-1194-758-9
Depósito legal: C 1765-2024

CURSO DE PROMPTS JURÍDICOS CON IBERLEY IA Y ChatGPT

DOMINA LA CREACIÓN DE *PROMPTS* LEGALES Y
SACA TODO EL PARTIDO A LA IA CON
1200 EJEMPLOS PRÁCTICOS

Autor:

Equipo de Iberley IA

COLEX 2024

Sumario

1
Introducción al Curso de *Prompts* Jurídicos con Iberley IA y ChatGPT

1.1. Lo que supone la inteligencia artificial para el mundo jurídico   13

1.2. Ventajas de la IA para el sector legal..................................... 14

1.3. Retos de la IA en el ámbito jurídico..................................... 14

1.4. Transformación de la profesión jurídica............................. 15

1.5. El papel revolucionario de Iberley IA y ChatGPT.............. 15

1.6. Valor agregado para los profesionales............................ 15

2
Cómo crear *prompts* efectivos para operadores jurídicos

2.1. ¿Cuál es la técnica más adecuada para crear *prompts* jurídicos?... 17

2.2. Identificar el objeto de la consulta................................ 18

2.3. Proporcionar contexto relevante................................... 18

2.4. Ser específico y detallado... 18

2.5. Usar lenguaje claro y preciso....................................... 19

2.6. Solicitar referencias legales y jurisprudencia.................. 19

2.7. Incluir ejemplos prácticos.. 19

3
Pasos para construir *prompts* de valor
Pág. 21

4
Consejos prácticos para mejorar la efectividad de los *prompts*
Pág. 23

5
Ejemplos de *prompts* eficaces por áreas del Derecho

5.1. Derecho Laboral.. 25

5.2. Derecho Tributario.. 25

5.3. Derecho Mercantil... 26

5.4. Derecho Civil.. 26

5.5. Derecho Penal... 26

5.6. Derecho Administrativo... 26

6
Errores comunes de los operadores jurídicos al crear *prompts* y cómo evitarlos

6.1. Falta de especificidad... 29

6.2. No proporcionar contexto suficiente.............................. 30

6.3. Uso de lenguaje ambiguo... 30

6.4. Omitir solicitudes de fuentes y jurisprudencia.....................31.

6.5. Formular *prompts* demasiado extensos......................... 31

6.6. Formular *prompts* sin claridad en la finalidad.................. 32

6.7. No adaptar el lenguaje al tipo de consulta....................... 32

6.8. No abrir nuevos hilos al tratar temas distintos................. 32

7
Ejemplos de *prompts* efectivos en diferentes áreas del Derecho

7.1. *Prompts* en el ámbito del **Derecho Laboral**..................... 35

    7.1.1. Consultas jurídicas.................................... 35

    7.1.2. Creación de escritos................................. 36

    7.1.3. Traducciones jurídicas.............................. 36

    7.1.4. Redacción de burofaxes............................ 37

    7.1.5. Generación de informes legales.................... 37

    7.1.6. Creación de guías prácticas........................ 38

    7.1.7. Asesoría en redacción de contratos................ 38

    7.1.8. Elaboración de resúmenes jurídicos............... 39

    7.1.9. Creación de mails para clientes.................... 39

    7.1.10. Creación de estrategias judiciales y procesales.............. 39

    7.1.11. Análisis jurídicos................................. 40

    7.1.12. Detección de criterios jurisprudenciales........................ 40

    7.1.13. Creación de cláusulas contractuales............................ 41

    7.1.14. Conclusión...................................... 41

    7.1.15. 200 ideas para crear *prompts* eficaces en
Derecho Laboral.................................... 41

7.2. *Prompts* en el ámbito del **Derecho Civil**......................... 53

    7.2.1. Consultas jurídicas.................................. 53

    7.2.2. Creación de escritos................................. 53

    7.2.3. Traducciones jurídicas.............................. 54

    7.2.4. Redacción de burofaxes............................ 54

    7.2.5. Generación de informes legales.................... 55

    7.2.6. Creación de guías prácticas........................ 55

    7.2.7. Asesoría en redacción de contratos................ 55

    7.2.8. Elaboración de resúmenes jurídicos............... 56

    7.2.9. Creación de mails para clientes.................... 56

    7.2.10. Crea estrategias judiciales y procesales........................ 57

    7.2.11. Análisis jurídicos................................. 57

    7.2.12. Detección de criterios jurisprudenciales........................ 57

    7.2.13. Creación de cláusulas contractuales............................ 58

    7.2.14. Conclusión...................................... 58

    7.2.15. 200 ideas para crear *prompts* eficaces en
Derecho Civil...................................... 58

7.3. *Prompts* en el ámbito del **Derecho Penal**........................ 70

    7.3.1. Consultas jurídicas.. 70

    7.3.2. Creación de escritos.. 70

    7.3.3. Traducciones jurídicas... 71

    7.3.4. Redacción de burofaxes.. 71

    7.3.5. Generación de informes legales................................. 72

    7.3.6. Creación de guías prácticas..................................... 72

    7.3.7. Asesoría en redacción de contratos............................. 72

    7.3.8. Elaboración de resúmenes jurídicos............................. 73

    7.3.9. Creación de mails para clientes................................. 73

    7.3.10. Crea estrategias judiciales y procesales....................... 74

    7.3.11. Crea análisis jurídicos.. 74

    7.3.12. Detecta criterios jurisprudenciales al momento............... 75

    7.3.13. Crea cláusulas contractuales................................... 75

    7.3.14. Conclusión.. 75

    7.3.15. 200 ideas para crear *prompts* eficaces en
             Derecho Penal.. 76

7.4. *Prompts* en el ámbito del **Derecho Administrativo**............ 87

    7.4.1. Consultas jurídicas.. 87

    7.4.2. Creación de escritos.. 88

    7.4.3. Traducciones jurídicas... 88

    7.4.4. Redacción de burofaxes.. 88

    7.4.5. Generación de informes legales................................. 89

    7.4.6. Creación de guías prácticas..................................... 89

    7.4.7. Asesoría en redacción de contratos............................. 90

    7.4.8. Elaboración de resúmenes jurídicos............................. 90

    7.4.9. Creación de mails para clientes................................. 90

    7.4.10. Crea estrategias judiciales y procesales....................... 91

    7.4.11. Crea análisis jurídicos.. 91

    7.4.12. Detecta criterios jurisprudenciales al momento............... 92

    7.4.13. Crea cláusulas contractuales................................... 92

    7.4.14. Conclusión.. 92

    7.4.15. 200 ideas para crear *prompts* eficaces en
             Derecho Administrativo... 93

7.5. *Prompts* en el ámbito del **Derecho Fiscal y Tributario**...... 104

    7.5.1. Consultas jurídicas.. 104

    7.5.2. Creación de escritos.. 105

    7.5.3. Traducciones jurídicas... 105

7.5.4. Redacción de burofaxes... 106

7.5.5. Generación de informes legales................................ 106

7.5.6. Creación de guías prácticas...................................... 107

7.5.7. Asesoría en redacción de contratos........................... 107

7.5.8. Elaboración de resúmenes jurídicos........................... 107

7.5.9. Creación de mails para clientes................................ 108

7.5.10. Crea estrategias judiciales y procesales..................... 108

7.5.11. Crea análisis jurídicos.. 109

7.5.12. Detecta criterios jurisprudenciales al momento............. 109

7.5.13. Crea cláusulas contractuales.................................. 109

7.5.14. Conclusión... 110

7.5.15. 200 ideas para crear *prompts* eficaces en
Derecho Fiscal y tributario...................................... 110

7.6. *Prompts* en el ámbito del **Derecho Mercantil**................. 121

7.6.1. Consultas jurídicas.. 121

7.6.2. Creación de escritos.. 122

7.6.3. Traducciones jurídicas.. 122

7.6.4. Redacción de burofaxes... 123

7.6.5. Generación de informes legales................................ 123

7.6.6. Creación de guías prácticas.................................... 123

7.6.7. Asesoría en redacción de contratos........................... 124

7.6.8. Elaboración de resúmenes jurídicos........................... 124

7.6.9. Creación de mails para clientes................................ 125

7.6.10. Crea estrategias judiciales y procesales..................... 125

7.6.11. Crea análisis jurídicos.. 125

7.6.12. Detecta criterios jurisprudenciales al momento............. 126

7.6.13. Crea cláusulas contractuales.................................. 126

7.6.14. Conclusión... 127

7.6.15. 200 ideas para crear *prompts* eficaces en
Derecho Mercantil... 127

8
Resumen y fijación de conocimientos

8.1. Pilares fundamentales para crear *prompts* eficaces.......... 139

8.2. Resumen de áreas del derecho y ejemplos clave............. 140

8.3. Consejos finales para maximizar el uso de la IA............. 140

9
Preguntas frecuentes
Pág. 143

1

INTRODUCCIÓN AL *CURSO DE PROMPTS JURÍDICOS CON IBERLEY IA Y ChatGPT*

La irrupción de la inteligencia artificial (IA) en el mundo jurídico ha supuesto un cambio de paradigma sin precedentes. La IA ha evolucionado de ser una tecnología conceptual a convertirse en una herramienta tangible que transforma cómo los profesionales del derecho realizan su trabajo diario. En este contexto, Iberley IA emerge como un referente en la aplicación de IA, nutriendo al modelo ChatGPT de información actualizada y adaptada a las necesidades jurídicas. Este curso está diseñado para enseñar a los operadores jurídicos cómo aprovechar al máximo la tecnología de Iberley IA y ChatGPT mediante la creación de *prompts* eficaces.

1.1. Lo que supone la inteligencia artificial para el mundo jurídico

La IA representa una revolución para el sector jurídico al automatizar tareas repetitivas, analizar grandes volúmenes de información y proporcionar respuestas ágiles y precisas. Tradicionalmente, los abogados y operadores jurídicos invertían gran parte de su tiempo en la investigación legal, la redacción de documentos y la interpretación de normativas complejas. Con la introducción de la IA, estas tareas se simplifican, permitiendo a los profesionales centrarse en estrategias y análisis más profundos y creativos.

1.2. Ventajas de la IA para el sector legal

– **Eficiencia y rapidez**: La IA permite procesar grandes cantidades de información en segundos, reduciendo el tiempo de investigación y redacción de documentos.

– **Acceso a información actualizada**: Los sistemas de IA, como Iberley IA, ofrecen acceso inmediato a normativas, jurisprudencias y doctrina actualizadas, nutriendo al modelo de ChatGPT con la última información disponible.

– **Mejora en la toma de decisiones**: Gracias a los análisis basados en datos, los abogados pueden tomar decisiones más informadas y precisas.

– **Reducción de errores**: La IA minimiza los errores humanos en la recopilación y análisis de datos, aumentando la fiabilidad del trabajo jurídico.

– **Automatización de tareas repetitivas**: Los procesos que antes requerían horas de trabajo manual, como la redacción de escritos o la búsqueda de precedentes, pueden ser automatizados, liberando tiempo para tareas más complejas y estratégicas.

1.3. Retos de la IA en el ámbito jurídico

– **Adaptación al cambio**: Los profesionales del derecho deben adaptarse al uso de nuevas tecnologías, lo que implica una curva de aprendizaje y un cambio de mentalidad.

– **Conocimiento técnico**: Comprender cómo utilizar herramientas de IA y cómo aplicar las técnicas de *prompts* de manera efectiva puede ser un reto para aquellos no familiarizados con el entorno tecnológico.

– **Confidencialidad y ética**: El uso de la IA plantea cuestiones sobre la protección de datos y la ética en la automatización de decisiones.

– **Actualización y mantenimiento**: La IA debe estar en constante evolución para adaptarse a cambios normativos y nuevos marcos jurídicos.

1.4. Transformación de la profesión jurídica

La incorporación de la IA al mundo jurídico implica una transformación significativa en las funciones y habilidades requeridas para los profesionales. La figura del abogado pasa de ser un simple redactor y analista a un estratega y gestor de información legal. Los abogados del futuro deben estar equipados no solo con conocimientos técnicos, sino también con habilidades para interactuar de manera efectiva con la IA, optimizando el uso de estas herramientas para mejorar su desempeño.

1.5. El papel revolucionario de Iberley IA y ChatGPT

Iberley IA se posiciona como un asistente legal inteligente que, en conjunto con la tecnología ChatGPT, permite realizar tareas que van desde la redacción de escritos y la generación de informes legales hasta la creación de estrategias procesales complejas y la detección instantánea de criterios jurisprudenciales. Gracias a su capacidad de integrar información actualizada y adaptada al marco jurídico español, Iberley IA optimiza el uso de ChatGPT para ofrecer respuestas más precisas y contextualizadas.

Este asistente no solo permite un acceso inmediato a una base de datos legal completa, sino que también proporciona recomendaciones personalizadas y simplifica la redacción de documentos complejos, ahorrando tiempo y recursos.

1.6. Valor agregado para los profesionales

Iberley IA y ChatGPT no son solo herramientas, son aliados que amplifican las capacidades del profesional jurídico. La plataforma potencia la eficiencia, refuerza la precisión y proporciona un acceso sin precedentes a información relevante. El uso de técnicas de *prompts* personalizadas permite a los abogados obtener respuestas adaptadas a sus necesidades específicas, mejorando la calidad y profundidad de su trabajo.

Este manual tiene como objetivo guiar a los profesionales en el uso de la IA mediante técnicas de *prompts*, facilitando la integración de estas herramientas en su práctica diaria y maximizando el rendimiento y la productividad en un entorno legal cada vez más competitivo.

2
CÓMO CREAR *PROMPTS* EFECTIVOS PARA OPERADORES JURÍDICOS

La irrupción de la inteligencia artificial (IA) en el mundo jurídico ha supuesto una revolución en la forma en que los profesionales del derecho acceden a la información y elaboran soluciones legales. Iberley IA, con su asistente legal, ofrece a abogados, asesores laborales, fiscales y otros operadores jurídicos la posibilidad de agilizar procesos, optimizar la redacción de documentos y mejorar el análisis jurídico de manera significativa. Para aprovechar al máximo estas capacidades, es fundamental conocer la técnica de redacción de *prompts*, que son las instrucciones o preguntas formuladas al asistente legal.

En este apartado, se explicará cómo formular *prompts* eficaces para obtener respuestas precisas y de valor, así como consejos para crear consultas claras y útiles.

2.1. ¿Cuál es la técnica más adecuada para crear *prompts* jurídicos?

La técnica más adecuada para redactar *prompts* eficaces se basa en la claridad, la especificidad y la inclusión de contexto relevante. La precisión y la estructura de los *prompts* determinarán la calidad de la respuesta obtenida. Aquí se presentan los principios fundamentales para crear buenos *prompts*:

2.2. Identificar el objeto de la consulta

El primer paso para redactar un *prompt* eficaz es definir claramente el tema de la consulta. Evita utilizar términos generales o vagos y asegúrate de detallar con precisión el contenido de tu solicitud.

- **Ejemplo de mal *prompt***: «Información sobre contratos».

- **Ejemplo de buen *prompt***: «¿Cuáles son las cláusulas esenciales que debe contener un contrato de arrendamiento de vivienda en España según la legislación vigente?».

2.3. Proporcionar contexto relevante

Incluir detalles importantes ayuda a contextualizar la solicitud y permite que la IA ofrezca una respuesta más precisa.

- **Ejemplo de mal *prompt***: «Derechos del trabajador».

- **Ejemplo de buen *prompt***: «¿Cuáles son los derechos de un trabajador en caso de despido improcedente en España, incluyendo compensaciones y el procedimiento de reclamación?».

2.4. Ser específico y detallado

Cuanto más específica sea la pregunta, más útil y relevante será la respuesta. Agrega fechas, nombres de leyes y artículos concretos cuando sea posible.

- **Ejemplo de mal *prompt***: «Reforma tributaria».

- **Ejemplo de buen *prompt***: «¿Qué cambios introdujo la reforma tributaria española de 2022 en la tributación de autónomos?».

2.5. Usar lenguaje claro y preciso

Evita el uso de jerga innecesaria y mantén un lenguaje claro y directo. Esto garantiza que el asistente entienda la solicitud correctamente y ofrezca una respuesta pertinente.

- Ejemplo de mal *prompt*: «Necesito saber sobre leyes de empleo».

- Ejemplo de buen *prompt*: «¿Qué disposiciones establece el Estatuto de los Trabajadores en España sobre la jornada laboral máxima semanal y las horas extras?».

2.6. Solicitar referencias legales y jurisprudencia

Pide que la respuesta incluya referencias específicas a leyes, artículos y sentencias judiciales para respaldar la información proporcionada.

- Ejemplo de mal *prompt*: «Normas sobre despidos».

- Ejemplo de buen *prompt*: «¿Qué dice el artículo 56 del Estatuto de los Trabajadores sobre el despido improcedente en España, y cuáles son los casos más recientes que lo han interpretado?».

2.7. Incluir ejemplos prácticos

Solicitar ejemplos prácticos o casos de estudio ayuda a ilustrar mejor la aplicación de la ley en situaciones reales.

- Ejemplo de mal *prompt*: «Regulaciones sobre contratos de trabajo».

- Ejemplo de buen *prompt*: «¿Puedes proporcionar ejemplos de sentencias recientes que interpreten el artículo 15 del Estatuto de los Trabajadores sobre contratos temporales en España?».

3

PASOS PARA CONSTRUIR
PROMPTS DE VALOR

1. Definir claramente la consulta. Hazte la pregunta: «¿Qué información exacta necesito y por qué?».
2. Incluir detalles contextuales. Identifica si la consulta requiere fechas, artículos específicos, nombres de leyes o circunstancias particulares.
3. Formular preguntas directas y precisas. Evita las ambigüedades y plantea la pregunta de forma clara.
4. Solicitar la información más útil. Indica si quieres ejemplos, jurisprudencia o normativa actualizada.
5. Revisar y refinar el *prompt* antes de enviarlo. Asegúrate de que la consulta sea lo más comprensible y concreta posible.
6. Refina tu *prompt* en caso de que la primera respuesta no sea precisa. Ajusta la formulación y proporciona más detalles si es necesario.

Al aplicar estas prácticas, los operadores jurídicos pueden maximizar el valor de las herramientas de IA, obteniendo respuestas precisas y relevantes que potencien su trabajo diario.

4

CONSEJOS PRÁCTICOS PARA MEJORAR LA EFECTIVIDAD DE LOS *PROMPTS*

- **Revisar la claridad**. Antes de enviar un *prompt*, revisa si es claro y preciso.

- **Refinar el lenguaje**. Usa terminología legal precisa.

- **Evitar la ambigüedad**. No plantees preguntas generales que puedan generar respuestas amplias y poco útiles.

- **Ser conciso pero completo**. No extiendas innecesariamente el *prompt*, pero incluye la información esencial.

EJEMPLOS DE *PROMPTS* EFICACES POR ÁREAS DEL DERECHO

5.1. Derecho Laboral

- **Consultas específicas**: «¿Cuáles son las obligaciones de un empleador en caso de despido colectivo según la legislación española?».
- **Redacción de documentos**: «Redacta una carta de despido objetivo para un trabajador con contrato indefinido, incluyendo la normativa aplicable».
- **Guías prácticas**: «Crea una guía sobre los derechos y obligaciones de los trabajadores en teletrabajo según el Real Decreto 28/2020».

5.2. Derecho Fiscal y Tributario

- **Deducciones y planificación fiscal**: «¿Qué deducciones fiscales están disponibles para autónomos en la Comunidad de Madrid según la Ley del IRPF?».
- **Consultas sobre impuestos específicos**: «¿Cuáles son las obligaciones tributarias de una empresa para el pago del IVA trimestralmente?».
- **Normativa fiscal**: «Elabora un informe sobre los cambios introducidos en la normativa fiscal por la Ley 11/2021 en relación con el modelo 720 de bienes en el extranjero».

5.3. Derecho Mercantil

- **Contratos y acuerdos**: «Redacta un contrato de compraventa de acciones incluyendo una cláusula de confidencialidad y responsabilidades del vendedor».

- **Constitución de sociedades**: «¿Cuáles son los requisitos para constituir una sociedad de responsabilidad limitada en España según la Ley de Sociedades de Capital?».

- **Resolución de conflictos**: «Genera una estrategia para mediar en un conflicto entre socios en una SL y evitar una disolución».

5.4. Derecho Civil

- **Contratos y obligaciones**: «¿Qué debe incluir un contrato de arrendamiento de vivienda en España conforme a la Ley de Arrendamientos Urbanos?».

- **Herencias y sucesiones**: «Redacta una guía para la partición de una herencia entre varios herederos según el Código Civil».

- **Demandas civiles**: «Redacta una demanda de incumplimiento de contrato por falta de pago en un contrato de compraventa».

5.5. Derecho Penal

- **Estrategias de defensa**: «¿Cuáles son los elementos clave para la defensa en un caso de acusación de lesiones leves según el Código Penal?».

- **Consultas sobre delitos específicos**: «¿Qué implica el delito de apropiación indebida y cuáles son las penas posibles según la normativa española?».

- **Análisis de casos**: «Realiza un análisis de jurisprudencia sobre el delito de estafa en relación con contratos falsos».

5.6. Derecho Administrativo

- **Procedimientos administrativos**: «Elabora un recurso de reposición contra una sanción administrativa impuesta por incumplimiento de normativa urbanística».

- **Permisos y licencias**: «¿Cuáles son los requisitos para obtener una licencia de actividad comercial en Madrid?».

- **Reclamaciones contra la Administración**: «Redacta una reclamación patrimonial contra la Administración por daños derivados de una caída en la vía pública».

6

ERRORES COMUNES DE LOS OPERADORES JURÍDICOS AL CREAR *PROMPTS* Y CÓMO EVITARLOS

Los operadores jurídicos, al comenzar a interactuar con herramientas de inteligencia artificial como Iberley IA Legal Assistant, pueden enfrentarse a varios errores que limitan la eficacia de las respuestas obtenidas. Estos errores suelen estar relacionados con la falta de claridad, especificidad o contexto en los *prompts*. A continuación, se describen los errores más comunes y cómo evitarlos para maximizar la utilidad de las respuestas.

6.1. Falta de especificidad

Error común: Formular preguntas generales o ambiguas que llevan a respuestas genéricas.

Ejemplo:

- **Mal** *prompt*: «Información sobre contratos de trabajo»

- **Consecuencia**: La IA puede proporcionar una respuesta muy amplia y poco relevante para el caso particular.

- **Solución**: Ser específico y detallar el contexto y la información que se busca.

- **Buen** *prompt*: «¿Cuáles son los requisitos legales y las cláusulas necesarias en un contrato de trabajo temporal en España según el Estatuto de los Trabajadores?».

Recomendación: Incluye detalles como artículos de leyes, tipos de contratos, o jurisdicciones específicas.

6.2. No proporcionar contexto suficiente

Error común: Enviar preguntas sin proporcionar la situación o contexto relevante.

Ejemplo:

- Mal *prompt*: «Explica el procedimiento judicial».

- **Consecuencia**: La IA no sabrá si se refiere a un procedimiento civil, penal, administrativo, etc., lo que lleva a respuestas incompletas o imprecisas.

- **Solución**: Añadir el contexto relevante que ayude a la IA a comprender la situación.

- **Buen *prompt***: «Explica el procedimiento judicial en un caso de reclamación de deudas en el marco de un juicio verbal en España».

Recomendación: Especifica el tipo de proceso, la jurisdicción y cualquier otra circunstancia relevante.

6.3. Uso de lenguaje ambiguo

Error común: Usar palabras o frases que pueden interpretarse de múltiples maneras.

Ejemplo:

- Mal *prompt*: «normas sobre propiedad».

- **Consecuencia**: Esto podría referirse a propiedad intelectual, propiedad inmobiliaria, o incluso a derechos de posesión.

- **Solución**: Utilizar términos claros y específicos.

- **Buen *prompt***: «¿Qué establece el Código Civil español sobre la propiedad horizontal y la administración de fincas?».

Recomendación: Evita términos ambiguos y emplea terminología legal precisa.

6.4. Omitir solicitudes de fuentes y jurisprudencia

Error común: No pedir específicamente referencias legales o jurisprudenciales para respaldar la respuesta.

Ejemplo:

- Mal *prompt*: «Normas sobre herencias».

- Consecuencia: La respuesta puede ser más informativa que legalmente precisa.

- Solución: Pedir que se incluyan fuentes específicas y jurisprudencia.

- Buen *prompt*: «¿Qué dice el artículo 658 del Código Civil español sobre herencias, y qué sentencias recientes lo han interpretado?».

Recomendación: Incluye un requerimiento para las fuentes o casos específicos si se necesitan para justificar la respuesta.

6.5. Formular *prompts* demasiado extensos

Error común: Plantear preguntas que incluyen demasiada información o una lista extensa de preguntas relacionadas.

Ejemplo:

- Mal *prompt*: «Explícame el proceso de divorcio, la custodia compartida, y los derechos del cónyuge a la pensión compensatoria en un caso de divorcio contencioso en España».

- Consecuencia: La respuesta puede ser demasiado general y no abordar cada punto con la profundidad necesaria.

- Solución: Dividir los *prompts* en preguntas más pequeñas y manejables.

- Buen *prompt*: «¿Cuál es el proceso legal de un divorcio contencioso en España?» seguido de «¿Qué establece la ley española sobre la custodia compartida en casos de divorcio contencioso?» y luego «¿Cuáles son los derechos del cónyuge a recibir pensión compensatoria en un divorcio contencioso?».

Recomendación: Desglosa las preguntas en temas individuales para obtener respuestas más completas y útiles.

6.6. Formular *prompts* sin claridad en la finalidad

Error común: No aclarar si se busca una explicación, una lista de pasos, una guía, o ejemplos de casos.

Ejemplo:

- Mal *prompt*: «Información sobre la responsabilidad del abogado».

- Consecuencia: La IA puede responder con definiciones generales y no abordar detalles prácticos o procesales.

- Solución: Definir qué tipo de respuesta se necesita.

- Buen *prompt*: «¿Cuáles son las responsabilidades legales de un abogado en España en caso de negligencia profesional, incluyendo ejemplos de jurisprudencia?».

- Recomendación: Especifica si necesitas un análisis legal, un resumen, ejemplos, o guías paso a paso.

6.7. No adaptar el lenguaje al tipo de consulta

Error común: Usar un lenguaje muy técnico o, por el contrario, demasiado informal.

Ejemplo:

- Mal *prompt*: «¿Qué hay sobre herencias y cosas?».

- Consecuencia: La IA puede no entender bien la solicitud o responder de forma poco detallada.

- Solución: Usar un lenguaje técnico, pero claro y accesible.

- Buen *prompt*: «¿Qué derechos tiene un heredero forzoso en España según el Código Civil, y qué implica la legítima?».

Recomendación: Ajusta el lenguaje al tipo de consulta y al uso que se le dará a la respuesta.

6.8. No abrir nuevos hilos al tratar temas distintos

Descripción del error

Uno de los errores más comunes al utilizar herramientas como ChatGPT o Iberley IA es no reiniciar el hilo de la conversación al abordar un tema completamente distinto. Esto sucede cuando, dentro del mismo flujo de preguntas y respuestas, se introduce una consulta nueva que no tiene relación con las interacciones anteriores.

Motivo del problema

Los modelos de lenguaje como GPT están diseñados para tener en cuenta el contexto acumulado de la conversación. Aunque esto es una ventaja en consultas relacionadas, puede volverse contraproducente al cambiar de tema. Si no se abre un nuevo hilo:

- El modelo puede interpretar erróneamente el nuevo tema como una extensión del anterior.
- Las respuestas pueden incorporar información irrelevante o contaminada por el contexto previo.
- Existe mayor riesgo de obtener resultados confusos o imprecisos.

> **Ejemplo del error**
>
> - Conversación sin abrir un nuevo hilo:
> - Usuario: «¿Cuáles son las cláusulas principales de un contrato de arrendamiento de vivienda?»
> - Usuario: «¿Cómo se impugna una sanción administrativa?»
> - *Respuesta esperada para la segunda pregunta*: Debe centrarse exclusivamente en el procedimiento administrativo.
> - *Respuesta obtenida*: Puede incluir referencias al contrato de arrendamiento, lo que genera confusión.

Consecuencias

- Respuestas poco precisas: Las respuestas pueden incluir elementos innecesarios del contexto previo.
- Ineficiencia: Se pierde tiempo intentando refinar el *prompt* para corregir el error.
- Desconfianza en la herramienta: El usuario puede percibir que la IA no es confiable o que no comprende el nuevo tema.

Solución

- *Reiniciar el hilo*: Al cambiar de tema, comienza una nueva conversación para garantizar que la IA interprete correctamente la consulta.
- *Formulación clara del nuevo tema*: Asegúrate de proporcionar todo el contexto necesario dentro del nuevo hilo para que la IA pueda responder de manera precisa.

Consejos prácticos para evitar este error

1. *Detecta el cambio de tema*: Si tu nueva pregunta no tiene relación directa con la consulta anterior, abre un nuevo hilo.

2. *Utiliza encabezados claros*: Cuando cambies de asunto, comienza con frases que delimiten el nuevo contexto, por ejemplo: «Nueva consulta: Procedimiento para recurrir sanciones administrativas».

3. *Prueba inicial en el nuevo hilo*: Formula el primer *prompt* de manera completa e independiente para garantizar que el modelo parta desde cero.

4. *Evita palabras ambiguas*: Sé específico para evitar malentendidos. Ejemplo: «¿Qué dice el Estatuto de los Trabajadores sobre las vacaciones anuales?» en lugar de «¿Qué dice sobre vacaciones?».

5. *Solicita confirmación de contexto*: Pregunta a la IA si comprende el tema que estás tratando para validar que está enfocada en tu nuevo asunto.

Ejemplo de mejora con nuevo hilo

Caso sin reiniciar el hilo:

- Usuario: «¿Qué establece la Ley de Arrendamientos Urbanos sobre renovaciones automáticas?»

- Usuario: «¿Qué plazos existen para presentar un recurso de alzada?»

Caso con un nuevo hilo:

- Primer hilo: «¿Qué establece la Ley de Arrendamientos Urbanos sobre renovaciones automáticas?»

- Nuevo hilo: «¿Cuáles son los plazos legales para presentar un recurso de alzada en un procedimiento administrativo?»

- *Resultado*: Las respuestas serán más precisas y contextualizadas para cada pregunta.

Conclusión

Abrir un nuevo hilo al cambiar de tema es una práctica esencial para garantizar que la IA proporcione respuestas exactas y relevantes. Al implementar este hábito, los usuarios mejorarán su experiencia y optimizarán el uso de herramientas como Iberley IA y GPT.

7

EJEMPLOS DE *PROMPTS* EFECTIVOS EN DIFERENTES ÁREAS DEL DERECHO

La creación de *prompts* eficaces es una habilidad fundamental para aprovechar al máximo las capacidades de herramientas como Iberley IA. Una formulación clara, específica y con contexto garantiza respuestas precisas y útiles, facilitando así el trabajo de los operadores jurídicos y mejorando la eficiencia en sus procesos diarios.

7.1. *Prompts* en el ámbito del Derecho Laboral

Para poder crear *prompts* de alta calidad para cada supuesto de uso específico en el ámbito del Derecho Laboral, detallaremos las especificaciones y proporcionaremos ejemplos comentados para ayudar a los profesionales a aprovechar al máximo Iberley IA y ChatGPT.

7.1.1. Consultas jurídicas

En Derecho Laboral las consultas suelen girar en torno a temas como derechos de los trabajadores, despidos, contratos, y seguridad social, entre otros. Es crucial que los *prompts* sean específicos y claros, indicando la normativa aplicable y el contexto particular.

Ejemplo de *prompt* comentado:

- **Mal *prompt***: «Dime sobre los derechos de los empleados».

- **Buen *prompt***: «¿Cuáles son los derechos de un trabajador en caso de despido objetivo en España, según el Estatuto de los Trabajadores y la jurisprudencia más reciente?».

Comentario: Este *prompt* es específico, pide normativa concreta y menciona jurisprudencia, lo que ayuda a obtener una respuesta más completa y detallada.

7.1.2. Creación de escritos

Los escritos en Derecho Laboral pueden incluir cartas de despido, comunicaciones de sanción, escritos de reclamación de salarios, entre otros. Es importante definir claramente el tipo de escrito y su propósito.

Ejemplo de *prompt* comentado:

- **Mal *prompt***: «Haz un escrito sobre despido».

- **Buen *prompt***: «Redacta una carta de despido objetivo por causas económicas para un trabajador con contrato indefinido, citando el artículo 52.c del Estatuto de los Trabajadores».

Comentario: Este *prompt* detalla el tipo de despido, el contrato afectado y la normativa que lo respalda, facilitando la creación de un escrito preciso.

7.1.3. Traducciones jurídicas

Las traducciones pueden implicar documentos como contratos laborales, cartas de despido o sentencias. Es importante especificar el tipo de documento y el idioma al que se desea traducir.

Ejemplo de *prompt* comentado:

- **Mal *prompt***: «Traduce esto al inglés».

- Buen *prompt*: «Traduce al inglés un contrato de trabajo temporal conforme a la normativa española, asegurando precisión en términos como "indemnización" y "preaviso"».

Comentario: Al especificar el tipo de documento y algunos términos clave, el *prompt* garantiza una traducción fiel y contextualizada.

7.1.4. Redacción de burofaxes

Los burofaxes en el ámbito laboral se utilizan para notificar decisiones formales, como un aviso de sanción o reclamación de impago. Es vital definir la intención y el destinatario del burofax.

Ejemplo de *prompt* comentado:

- Mal *prompt*: «Escribe un burofax».

- Buen *prompt*: «Redacta un burofax dirigido a un trabajador comunicando la sanción por faltas reiteradas de puntualidad, con base en el convenio colectivo de la empresa».

Comentario: Aquí, el *prompt* especifica el destinatario, la razón del burofax y el respaldo legal, lo que ayuda a redactar un documento adecuado.

7.1.5. Generación de informes legales

Los informes legales pueden abordar estudios sobre normativas laborales, análisis de casos de despido, etc. Se debe detallar el enfoque y las leyes relevantes.

Ejemplo de *prompt* comentado:

- Mal *prompt*: «Haz un informe sobre despidos».

- Buen *prompt*: «Elabora un informe sobre la procedencia de los despidos colectivos en empresas de más de 50 trabajadores, analizando los requisitos legales y la jurisprudencia del Tribunal Supremo».

Comentario: Este *prompt* proporciona un contexto claro, incluyendo el número de trabajadores y los elementos clave del análisis.

7.1.6. Creación de guías prácticas

Las guías prácticas deben explicar procedimientos o normativas de manera clara y paso a paso. El *prompt* debe mencionar el tipo de guía y el público objetivo.

> **Ejemplo de *prompt* comentado:**
>
> - **Mal *prompt***: «Guía de vacaciones».
>
> - **Buen *prompt***: «Crea una guía práctica para empleados explicando cómo calcular y solicitar días de vacaciones anuales conforme al Estatuto de los Trabajadores y el convenio colectivo».

Comentario: El *prompt* es claro sobre el contenido y la fuente normativa a utilizar, asegurando una respuesta útil y precisa.

7.1.7. Asesoría en redacción de contratos

En Derecho Laboral, la redacción de contratos debe incluir detalles como la duración, el tipo de jornada y las condiciones salariales. El *prompt* debe ser preciso sobre el tipo de contrato y las cláusulas especiales.

> **Ejemplo de *prompt* comentado:**
>
> - **Mal *prompt***: «Redacta un contrato laboral».
>
> - **Buen *prompt***: «Redacta un contrato de trabajo a tiempo parcial para un empleado de limpieza, con cláusula de horas complementarias y ajuste salarial conforme al convenio colectivo de limpieza».

Comentario: El *prompt* detalla el tipo de contrato y menciona cláusulas importantes, lo que facilita la creación de un contrato detallado.

7.1.8. Elaboración de resúmenes jurídicos

Los resúmenes jurídicos deben presentar la normativa o jurisprudencia de forma condensada. Es clave especificar qué documento o ley se debe resumir.

> Ejemplo de *prompt* comentado:
>
> - Mal *prompt*: «Haz un resumen de la ley laboral».
>
> - Buen *prompt*: «Resume las principales modificaciones introducidas en la Ley 3/2012, de medidas urgentes para la reforma del mercado laboral, enfocándote en el despido por causas objetivas».

Comentario: Este *prompt* especifica qué debe incluir el resumen y el enfoque principal.

7.1.9. Creación de mails para clientes

Los correos pueden tratar sobre actualizaciones legales, recomendaciones o respuestas a consultas. El *prompt* debe mencionar el contenido y el tono adecuado.

> Ejemplo de *prompt* comentado:
>
> - Mal *prompt*: «Escribe un mail al cliente».
>
> - Buen *prompt*: «Redacta un mail informativo para un cliente sobre las implicaciones de la nueva Ley de Trabajo a Distancia, destacando sus obligaciones como empleador».

Comentario: Especificar el tema y el destinatario ayuda a adaptar el correo a las necesidades del cliente.

7.1.10. Creación de estrategias judiciales y procesales

La estrategia debe basarse en la normativa aplicable y casos similares. El *prompt* debe detallar la situación del caso y el objetivo de la estrategia.

Ejemplo de *prompt* comentado:

– **Mal *prompt*:** «Crea una estrategia judicial».

– **Buen *prompt*:** «Diseña una estrategia judicial para impugnar un despido disciplinario por baja productividad, destacando argumentos basados en jurisprudencia reciente y pruebas documentales».

Comentario: El *prompt* incluye detalles relevantes para que la respuesta sea específica y aplicable.

7.1.11. Análisis jurídicos

Se debe solicitar un análisis concreto sobre una normativa o caso específico, mencionando las leyes aplicables y aspectos clave.

Ejemplo de *prompt* comentado:

– **Mal *prompt*:** «Haz un análisis legal».

– **Buen *prompt*:** «Realiza un análisis jurídico de la aplicación del artículo 52.d del Estatuto de los Trabajadores en despidos por faltas de asistencia justificadas, con ejemplos jurisprudenciales».

Comentario: Especificar el artículo y pedir ejemplos jurisprudenciales mejora la calidad de la respuesta.

7.1.12. Detección de criterios jurisprudenciales

Es importante que los *prompts* especifiquen qué tipo de jurisprudencia se busca y en qué contexto.

Ejemplo de *prompt* comentado:

– **Mal *prompt*:** «Dame jurisprudencia sobre despidos».

– **Buen *prompt*:** «Detecta los criterios jurisprudenciales del

Tribunal Supremo sobre despidos nulos por vulneración de derechos fundamentales».

Comentario: El *prompt* delimita el tipo de despido y el tribunal, haciendo que la respuesta sea más relevante.

7.1.13. Creación de cláusulas contractuales

Las cláusulas deben estar alineadas con la normativa laboral vigente y adaptarse a cada tipo de contrato.

Ejemplo de *prompt* comentado:

- **Mal *prompt***: «Haz una cláusula de contrato».

- **Buen *prompt***: «Redacta una cláusula sobre el período de prueba para un contrato de trabajo indefinido, conforme al artículo 14 del Estatuto de los Trabajadores».

Comentario: Mencionar el tipo de cláusula y el artículo relevante garantiza precisión en la respuesta.

7.1.14. Conclusión

Crear *prompts* efectivos para el Derecho Laboral requiere precisión, contexto y un enfoque claro en el tipo de respuesta deseada. Con estas guías y ejemplos, los profesionales pueden maximizar la utilidad de Iberley IA para obtener resultados detallados y aplicables en su práctica diaria.

7.1.15. 200 ideas para crear *prompts* eficaces en Derecho Laboral

1	¿Cuántos días antes se puede celebrar un contrato por sustitución de trabajador por nacimiento de hijo?
2	¿Tiene permiso un trabajador para acudir al examen del carnet de conducir?
3	¿Qué sabes de los requisitos de los programas de control horario que quiere implementar el Ministerio de Trabajo?

| 4 | Según la ley de Seguridad Social, analiza la responsabilidad empresarial en el recargo de prestaciones por falta de medidas.

| 5 | En caso de ser detenido, ¿existe algún permiso retribuido o la ausencia no es retribuida?

| 6 | ¿Cómo es la cotización de un trabajador suspendido de empleo y sueldo?

| 7 | ¿Existe un límite de becarios que pueda tener una empresa?

| 8 | Necesito un escrito de competencia y no concurrencia durante la vigencia del contrato y después de dos años de su extinción.

| 9 | ¿El bonus se debe abonar al trabajador despedido sin cumplir objetivos anuales?

| 10 | ¿Qué sucede si se solicita la prestación por desempleo fuera de plazo?

| 11 | ¿Qué plazo existe para sanciones por deficiente prevención de salud laboral en la empresa?

| 12 | Requisitos para la contratación en origen de dos trabajadores extranjeros por una empresa española.

| 13 | Requisitos para compatibilizar la pensión de viudedad con un nuevo matrimonio.

| 14 | Jurisprudencia sobre nulidad de despido por infracción de los artículos 55.5 ET y 108.2 LRJS.

| 15 | Documento de entrega de un portátil a la empresa por un ex trabajador.

| 16 | Tipos de excedencia para funcionarios en la Diputación de Alicante.

| 17 | Subvenciones por contratación indefinida a tiempo parcial en Cataluña.

| 18 | Justificante de entrega de un ordenador portátil.

| 19 | Cálculo del importe de la pensión de jubilación anticipada con 15 años y 369 meses de cotización.

| 20 | Subvenciones a la contratación de trabajadores en Cataluña.

| 21 | Cálculo de la IT por enfermedad común.

| 22 | Pago por festivo trabajado en sábado.

| 23 | Informe sobre los derechos de las trabajadoras del hogar.

| 24 | Carta de excedencia voluntaria.

| 25 | Requisitos para los hombres para tener derecho al complemento por maternidad por aportación demográfica.

| 26 | Información sobre la jubilación activa tras haberse jubilado a los 65 años con el 100 %.

| 27 | Despido de un trabajador por haber estado de baja 18 meses y pasar a invalidez permanente revisable.

| 28 | Despido de un conductor de camión por conducir bajo los efectos del alcohol.

| 29 | Escrito de reclamación previa frente a Ibermutua por devolución de prestación.

| 30 | Carta de despido objetivo por causas organizativas a una trabajadora comercial.

| 31 | ¿Se puede despedir a un trabajador con contrato de relevo?

| 32 | Retribución de pernoctación de empleada de hogar.

| 33 | ¿Se puede exigir un tipo de calzado específico en una empresa por prevención de riesgos laborales?

| 34 | Carta de finalización de contrato temporal por causas de producción.

| 35 | Proceso de conciliación ante el SMAC por despido improcedente.

| 36 | Estrategias legales para impugnar un despido por vulneración de derechos fundamentales.

| 37 | Requisitos para la creación de una cláusula de confidencialidad en contratos laborales.

| 38 | Modelo de demanda para reclamar indemnización por accidente laboral.

| 39 | Procedimiento para reclamar salarios impagados por un empleador insolvente.

| **40** | Ejemplo de carta solicitando ajuste en el horario laboral por cuidado de menores.

| **41** | Cláusulas para el contrato de teletrabajo conforme a la normativa actual.

| **42** | Análisis sobre el límite de horas extraordinarias permitidas por ley en España.

| **43** | Jurisprudencia sobre la prórroga automática de contratos temporales.

| **44** | Creación de un burofax reclamando el pago de una indemnización por despido.

| **45** | Estrategias jurídicas para impugnar una sanción disciplinaria en la empresa.

| **46** | Análisis sobre los permisos retribuidos por enfermedad de familiares.

| **47** | Requisitos para la solicitud de reducción de jornada por guarda legal.

| **48** | Pasos para presentar una reclamación por acoso laboral.

| **49** | Ejemplo de convenio de confidencialidad para empleados de alta dirección.

| **50** | Requisitos legales para la contratación de trabajadores a tiempo parcial.

| **51** | Derechos del trabajador durante una suspensión de contrato por ERTE.

| **52** | Creación de un modelo de contrato de prácticas para estudiantes.

| **53** | Estrategias legales para defender a un trabajador sancionado injustamente.

| **54** | Informe sobre el procedimiento de baja voluntaria y su comunicación.

| **55** | Modelo de recurso contra sanciones laborales impuestas por la empresa.

| **56** | Documentación necesaria para la solicitud de la incapacidad temporal.

| **57** | Revisión de los derechos de los trabajadores con contratos de obra y servicio.

| 58 | Redacción de un contrato de trabajo temporal por obra específica.

| 59 | Ejemplo de escrito solicitando traslado de puesto por razones de salud.

| 60 | Requisitos para acceder al subsidio por desempleo para mayores de 52 años.

| 61 | Cláusulas sobre la rescisión de contratos temporales por finalización de obra.

| 62 | Asesoría sobre la inclusión de cláusulas de exclusividad en contratos laborales.

| 63 | Jurisprudencia sobre la consideración del tiempo de presencia como tiempo de trabajo.

| 64 | Ejemplo de escrito solicitando cambio de jornada laboral por estudios.

| 65 | Redacción de una carta de aviso de finalización de contrato por obra terminada.

| 66 | Derechos laborales durante el proceso de adopción o acogida.

| 67 | Análisis sobre la obligatoriedad del preaviso en la baja voluntaria.

| 68 | Estrategias de defensa ante un despido por causas objetivas no justificadas.

| 69 | Procedimiento para solicitar permisos de paternidad y maternidad en España.

| 70 | Jurisprudencia sobre el reconocimiento de despidos como improcedentes.

| 71 | Ejemplo de carta para notificar la rescisión de contrato de trabajo temporal.

| 72 | Procedimientos para reclamar vacaciones no disfrutadas.

| 73 | Redacción de un contrato de formación y aprendizaje.

| 74 | Pasos para denunciar irregularidades en el contrato de trabajo.

| 75 | Análisis sobre el pago de indemnización por traslado forzoso de un trabajador.

| 76 | Redacción de un recurso por sanción laboral por bajo rendimiento.

| 77 | Cláusulas para la protección de datos en contratos laborales.

| 78 | Modelo de documento de cese por finalización de contrato de interinidad.

| 79 | Análisis sobre el derecho a solicitar adaptación del horario laboral.

| 80 | Ejemplo de escrito reclamando el abono de horas extraordinarias.

| 81 | Pasos para solicitar el reconocimiento de incapacidad permanente total.

| 82 | Redacción de un contrato de alta dirección con cláusulas de confidencialidad.

| 83 | Ejemplo de reclamación previa ante el SEPE por denegación de prestación.

| 84 | Análisis sobre la responsabilidad del empresario en caso de accidentes laborales.

| 85 | Estrategias jurídicas para la defensa en casos de mobbing laboral.

| 86 | Redacción de una carta de dimisión voluntaria con preaviso.

| 87 | Procedimientos legales para solicitar excedencia voluntaria.

| 88 | Análisis sobre la compatibilidad del trabajo y prestación por desempleo.

| 89 | Ejemplo de cláusula de no competencia para contratos laborales.

| 90 | Redacción de un burofax reclamando el pago de dietas y gastos de transporte.

| 91 | Estrategias de defensa ante reclamaciones por recargo de prestaciones.

| 92 | Análisis sobre la validez de las grabaciones como prueba en despidos.

| 93 | Ejemplo de escrito de solicitud de medidas cautelares en un juicio laboral.

| 94 | Pasos para impugnar una resolución de incapacidad temporal.

| 95 | Cláusulas de protección para trabajadores en contratos temporales.

| 96 | Estrategias para defender la improcedencia de un despido colectivo.

| 97 | Procedimiento para solicitar cambio de categoría profesional.

| 98 | Modelo de solicitud para reconocimiento de antigüedad en la empresa.

| 99 | Redacción de un acuerdo de finiquito con cláusula de conformidad.

| 100 | Análisis sobre el derecho de huelga y su impacto en el salario.

| 101 | Ejemplo de documento de aviso de suspensión de contrato por ERTE.

| 102 | Revisión de los requisitos para acceder al subsidio por desempleo.

| 103 | Estrategias para impugnar sanciones por ausencias injustificadas.

| 104 | Redacción de una carta de despido disciplinario.

| 105 | Modelo de contrato de prestación de servicios para autónomos.

| 106 | Análisis sobre el derecho al permiso por fallecimiento de un familiar.

| 107 | Estrategias para reclamar diferencias salariales en nóminas.

| 108 | Ejemplo de solicitud de reducción de jornada por cuidado de hijos.

| 109 | Pasos para impugnar un despido improcedente por causas objetivas.

| 110 | Análisis sobre la legalidad de cláusulas de exclusividad en contratos.

| 111 | Redacción de un recurso ante el SEPE por denegación de prestación.

| **112** | Ejemplo de carta para notificar un despido objetivo por causas económicas. |

| **113** | Estrategias para impugnar un despido por motivos disciplinarios. |

| **114** | Procedimientos para solicitar la reducción de jornada por cuidado de familiares. |

| **115** | Modelo de cláusula de confidencialidad para contratos temporales. |

| **116** | Análisis sobre el derecho a indemnización por fin de contrato temporal. |

| **117** | Ejemplo de escrito solicitando certificado de empresa para el SEPE. |

| **118** | Estrategias para reclamar el pago de vacaciones no disfrutadas. |

| **119** | Redacción de un contrato de teletrabajo conforme a la normativa. |

| **120** | Análisis sobre el derecho a permiso retribuido por hospitalización de familiares. |

| **121** | Ejemplo de reclamación por despido nulo por embarazo. |

| **122** | Estrategias de defensa en juicios por despido improcedente. |

| **123** | Procedimientos para solicitar la readmisión por despido nulo. |

| **124** | Redacción de un escrito de conciliación laboral por despido. |

| **125** | Estrategias para reclamar el pago de salarios atrasados. |

| **126** | Modelo de cláusula de penalización por incumplimiento de contrato. |

| **127** | Análisis sobre el derecho a percibir horas extraordinarias. |

| **128** | Ejemplo de carta solicitando traslado por cambio de residencia. |

| **129** | Estrategias de defensa para impugnar una baja voluntaria injustificada. |

| 130 | Procedimiento para solicitar la compatibilidad de la pensión de viudedad con otro ingreso.

| 131 | Modelo de contrato de trabajo a tiempo parcial con cláusulas específicas.

| 132 | Ejemplo de carta de aviso de no renovación de contrato.

| 133 | Redacción de un recurso de alzada contra una resolución administrativa laboral.

| 134 | Estrategias para impugnar un ERTE por causas económicas.

| 135 | Análisis sobre los derechos del trabajador en los contratos de relevo.

| 136 | Ejemplo de cláusula de confidencialidad en contratos de relevo.

| 137 | Pasos para presentar una denuncia por incumplimiento de contrato laboral.

| 138 | Redacción de un burofax para reclamar horas de trabajo no pagadas.

| 139 | Estrategias de defensa en juicios por sanciones laborales injustas.

| 140 | Procedimientos para solicitar la adaptación del horario laboral.

| 141 | Ejemplo de escrito de notificación de traslado por razones empresariales.

| 142 | Redacción de un acuerdo de rescisión de contrato con finiquito.

| 143 | Análisis sobre el derecho a la desconexión digital en el trabajo.

| 144 | Estrategias para defender la nulidad de un despido por acoso laboral.

| 145 | Ejemplo de cláusula de indemnización por cese anticipado.

| 146 | Procedimientos para impugnar el fin de contrato temporal.

| 147 | Redacción de un recurso ante el tribunal por sanción disciplinaria.

| 148 | Estrategias de defensa en casos de reclamación de horas extras.

| 149 | Modelo de contrato de trabajo con cláusulas de exclusividad y confidencialidad.

| 150 | Ejemplo de solicitud de adaptación de puesto de trabajo por salud.

| 151 | Estrategias de defensa en juicios por despido objetivo injustificado.

| 152 | Procedimientos para reclamar diferencias salariales por convenio.

| 153 | Análisis sobre la responsabilidad en caso de recargo de prestaciones.

| 154 | Ejemplo de carta de aviso de sanción laboral por indisciplina.

| 155 | Redacción de una cláusula de confidencialidad para contratos de alta dirección.

| 156 | Estrategias de defensa para impugnar un despido por baja médica prolongada.

| 157 | Procedimientos para solicitar la compatibilidad de la pensión de jubilación y trabajo a tiempo parcial.

| 158 | Modelo de solicitud de permiso por estudios en el trabajo.

| 159 | Estrategias para reclamar la mejora en la categoría profesional.

| 160 | Análisis sobre los derechos del trabajador en casos de cese por jubilación forzosa.

| 161 | Ejemplo de solicitud de exención de jornada laboral por estudios.

| 162 | Procedimientos para reclamar el reconocimiento de baja por enfermedad profesional.

| 163 | Redacción de un escrito para impugnar una multa por infracción laboral.

| 164 | Estrategias para reclamar el pago de comisiones impagadas.

| 165 | Modelo de solicitud de traslado por razones familiares.

| 166 | Análisis sobre los derechos de los becarios en empresas privadas.

| 167 | Ejemplo de escrito de reclamación por baja médica no reconocida.

| 168 | Cláusulas de confidencialidad para contratos temporales.

| 169 | Procedimientos para defender la nulidad de un despido por acoso.

| 170 | Análisis sobre el derecho a la desconexión digital en el trabajo.

| 171 | Redacción de un contrato de cesión de derechos laborales.

| 172 | Estrategias para reclamar la falta de pago de dietas en viajes.

| 173 | Ejemplo de escrito solicitando modificación de condiciones laborales.

| 174 | Pasos para presentar un recurso ante el SEPE por desempleo.

| 175 | Estrategias para impugnar un despido por causas objetivas no justificadas.

| 176 | Análisis sobre las horas de presencia en contratos de trabajo.

| 177 | Ejemplo de documento de renuncia a horas extraordinarias.

| 178 | Redacción de un contrato de trabajo para prácticas profesionales.

| 179 | Estrategias para defender un despido por bajo rendimiento.

| 180 | Procedimiento para solicitar la compatibilidad de pensión y trabajo.

| 181 | Análisis sobre la cotización durante la baja por maternidad.

| 182 | Ejemplo de carta de notificación de sanción laboral.

| 183 | Redacción de un recurso por denegación de prestación por desempleo.

| 184 | Estrategias para defender la improcedencia de un despido por causas técnicas.

| 185 | Procedimientos para solicitar permiso de lactancia en la empresa.

| 186 | Análisis sobre el derecho a vacaciones en contratos temporales.

| 187 | Ejemplo de escrito de solicitud de aumento salarial.

| 188 | Estrategias para reclamar diferencias salariales en nóminas.

| 189 | Redacción de un contrato de trabajo temporal a jornada parcial.

| 190 | Análisis sobre el impacto de la reducción de jornada en el salario.

| 191 | Ejemplo de documento de cese por finalización de contrato temporal.

| 192 | Procedimiento para solicitar la jubilación anticipada.

| 193 | Estrategias para reclamar el pago de indemnización por despido.

| 194 | Análisis sobre los derechos de los trabajadores con contratos de prácticas.

| 195 | Ejemplo de recurso contra sanción por incumplimiento laboral.

| 196 | Redacción de una cláusula de penalización por incumplimiento.

| 197 | Procedimientos para defender la validez de pruebas en despidos.

| 198 | Análisis sobre la obligación de la empresa de facilitar herramientas de trabajo.

| 199 | Ejemplo de carta de reclamación de vacaciones no disfrutadas.

| 200 | Estrategias para solicitar excedencia por cuidado de familiares.

7.2. *Prompts* en el ámbito del Derecho Civil

Al igual que en el caso anterior, detallamos las especificaciones y proporcionamos ejemplos comentados para ayudar a los profesionales a aprovechar al máximo Iberley IA y ChatGPT y poder crear *prompts* efectivos en el ámbito del Derecho Civil.

7.2.1. Consultas jurídicas

Las consultas jurídicas en Derecho Civil pueden abarcar una amplia gama de temas, como contratos, sucesiones, derechos reales, familia y obligaciones. Es esencial que los *prompts* sean específicos para obtener respuestas claras y útiles.

Ejemplo de prompt comentado:

- Mal *prompt*: «Explícame las sucesiones».

- Buen *prompt*: «¿Qué requisitos debe cumplir un testamento ológrafo en España según el Código Civil, y qué jurisprudencia reciente se aplica a su validez?».

Comentario: Este *prompt* especifica el tipo de testamento y solicita la normativa y jurisprudencia aplicable, garantizando una respuesta detallada.

7.2.2. Creación de escritos

Los escritos civiles incluyen demandas, contestaciones, recursos y otros documentos procesales. Deben redactarse con precisión y adaptarse al caso específico

Ejemplo de *prompt* comentado:

- Mal *prompt*: «Redacta una demanda de herencia».

- Buen *prompt*: «Redacta una demanda de división judicial de herencia entre tres hermanos, mencionando el artículo 1051 del Código Civil sobre la partición y citando ejemplos de jurisprudencia aplicable».

Comentario: El *prompt* especifica el tipo de escrito, la normativa y el contexto familiar, lo que ayuda a obtener un documento adecuado y preciso.

7.2.3. Traducciones jurídicas

Las traducciones de documentos civiles deben conservar la terminología legal correcta y reflejar fielmente el contenido original. Indicar el tipo de documento y el idioma de traducción es clave.

Ejemplo de *prompt* comentado:

- **Mal *prompt***: «Traduce este contrato».

- **Buen *prompt***: «Traduce al inglés un contrato de compraventa de inmueble en España, asegurando precisión en términos como "arras" y "usufructo"».

Comentario: Este *prompt* es claro al especificar el tipo de contrato y términos clave, lo que garantiza una traducción precisa y contextualizada.

7.2.4. Redacción de burofaxes

Un burofax en Derecho Civil puede usarse para comunicar requerimientos de pago, avisos de resolución contractual, etc. Debe incluir la intención del burofax y el destinatario.

Ejemplo de *prompt* comentado:

- **Mal *prompt***: «Redacta un burofax».

- **Buen *prompt***: «Redacta un burofax requiriendo a un inquilino el pago de tres meses de renta atrasada, con base en el contrato de arrendamiento y la normativa de la Ley de Arrendamientos Urbanos».

Comentario: Este *prompt* detalla el propósito del burofax y la normativa aplicable, facilitando la creación de un documento claro y fundamentado.

7.2.5. Generación de informes legales

Los informes legales deben proporcionar un análisis detallado de normativas, jurisprudencia y situaciones aplicables. Es crucial indicar el tema y las leyes relevantes.

Ejemplo de *prompt* comentado:

- Mal *prompt*: «Haz un informe de propiedad».

- Buen *prompt*: «Elabora un informe sobre la propiedad horizontal y las obligaciones de los propietarios en una comunidad de vecinos, citando el Título VI del Código Civil y jurisprudencia relevante».

Comentario: Este *prompt* pide un análisis específico, indicando el ámbito y la normativa que debe tratarse.

7.2.6. Creación de guías prácticas

Las guías deben explicar de manera clara y paso a paso los procedimientos y derechos. El *prompt* debe definir el tema y la audiencia objetivo.

Ejemplo de *prompt* comentado:

- Mal *prompt*: «Guía de divorcio».

- Buen *prompt*: «Crea una guía práctica para solicitar un divorcio de mutuo acuerdo en España, incluyendo los pasos a seguir, documentos necesarios y plazos legales».

Comentario: Este *prompt* es específico sobre el tipo de divorcio y lo que debe incluir la guía, proporcionando claridad al lector.

7.2.7. Asesoría en redacción de contratos

La redacción de contratos requiere precisión en las cláusulas y adaptación al tipo de contrato. El *prompt* debe detallar el tipo de contrato y condiciones especiales.

Ejemplo de *prompt* comentado:

- **Mal *prompt***: «Haz un contrato de arrendamiento».

- **Buen *prompt***: «Redacta un contrato de arrendamiento de vivienda por un año con opción a prórroga, incluyendo una cláusula sobre actualizaciones de renta según el IPC».

Comentario: El *prompt* especifica los términos clave, lo que ayuda a redactar un contrato adaptado a las necesidades del usuario.

7.2.8. Elaboración de resúmenes jurídicos

Los resúmenes deben ser concisos y centrarse en lo esencial de la normativa o caso judicial. El *prompt* debe indicar qué ley o fallo judicial se debe resumir.

Ejemplo de *prompt* comentado:

- **Mal *prompt***: «Resume la ley civil».

- **Buen *prompt***: «Resume las disposiciones principales del artículo 1902 del Código Civil sobre la responsabilidad extracontractual, con ejemplos de sentencias recientes».

Comentario: El *prompt* especifica el artículo y solicita ejemplos, lo que mejora la relevancia del resumen.

7.2.9. Creación de mails para clientes

Los correos deben ser informativos y mantener un tono profesional. El *prompt* debe mencionar el contenido y el tono deseado.

Ejemplo de *prompt* comentado:

- **Mal *prompt***: «Escribe un mail al cliente».

- **Buen *prompt***: «Redacta un mail explicando a un cliente las obligaciones de un vendedor en la compraventa de inmuebles, destacando el cumplimiento de los artículos 1461 y 1462 del Código Civi».

Comentario: Este *prompt* especifica el contenido y la normativa, asegurando un correo preciso y útil.

7.2.10. Crea estrategias judiciales y procesales

La estrategia judicial debe estar basada en normativa y casos similares. El *prompt* debe detallar el problema legal y el objetivo.

> **Ejemplo de *prompt* comentado:**
>
> - **Mal *prompt***: «Crea una estrategia de juicio».
>
> - **Buen *prompt***: «Elabora una estrategia procesal para un juicio sobre nulidad de contrato por vicios ocultos en la compraventa de una vivienda, citando artículos y jurisprudencia relevantes».

Comentario: El *prompt* aclara el tipo de juicio y las bases legales que se deben considerar.

7.2.11. Análisis jurídicos

El análisis debe enfocarse en una normativa específica o un caso concreto. El *prompt* debe mencionar la normativa o el problema específico.

> **Ejemplo de *prompt* comentado:**
>
> - **Mal *prompt***: «Haz un análisis legal».
>
> - **Buen *prompt***: «Analiza las implicaciones legales del incumplimiento de una promesa de venta de un inmueble en España, citando jurisprudencia y el Código Civil».

Comentario: Este *prompt* solicita un análisis detallado, mencionando qué incluir y cómo respaldarlo.

7.2.12. Detección de criterios jurisprudenciales

Es fundamental especificar el tipo de jurisprudencia y el tema en cuestión.

Ejemplo de *prompt* comentado:

- Mal *prompt*: «Dame jurisprudencia de compraventas».

- Buen *prompt*: «Detecta los criterios jurisprudenciales recientes del Tribunal Supremo sobre vicios ocultos en la compraventa de inmuebles».

Comentario: Este *prompt* delimita el tema y la fuente, garantizando que la respuesta sea relevante y específica.

7.2.13. Creación de cláusulas contractuales

Las cláusulas deben cumplir con la normativa y adaptarse al contrato en cuestión. El *prompt* debe mencionar el tipo de cláusula y las condiciones que debe incluir.

Ejemplo de *prompt* comentado:

- Mal *prompt*: «Haz una cláusula de contrato».

- Buen *prompt*: «Redacta una cláusula de desistimiento para un contrato de arrendamiento de vivienda, con base en el artículo 11 de la Ley de Arrendamientos Urbanos».

Comentario: Especificar la cláusula y la normativa asegura precisión y aplicabilidad.

7.2.14. Conclusión

Crear *prompts* efectivos en Derecho Civil requiere claridad, especificidad y un enfoque detallado en la normativa y el contexto aplicable. Estos ejemplos ayudan a los operadores jurídicos a formular preguntas de calidad que maximizan el valor de Iberley IA, facilitando respuestas precisas y útiles.

7.2.15. 200 ideas para crear *prompts* eficaces en Derecho Civil

| 1 | Ana quiere realizarse una operación de cirugía estética. ¿Ampara la cláusula firmada el uso de imágenes en congresos médicos?

| 2 | Redacta un contrato de prestación de servicios de un joyero para hacer una joya a un cliente.

| 3 | Modelo de solicitud al registro de la propiedad para subsanar una inscripción de compraventa.

| 4 | Redacta un recurso de reposición ante una diligencia de ordenación que deniega declaración por videoconferencia.

| 5 | Jurisprudencia del Tribunal Supremo sobre el periculum in mora.

| 6 | ¿Qué daños cubre el Consorcio de Compensación de Seguros?

| 7 | Redacta un recurso de apelación por incumplimiento contractual en la compraventa de vivienda.

| 8 | Explicación clara y concisa sobre la sucesión y la delación en el derecho de sucesiones vasco.

| 9 | Recurso de apelación en relación con una demanda de incumplimiento contractual.

| 10 | Explicación con jurisprudencia sobre la responsabilidad del poseedor y propietario de un animal por lesiones causadas.

| 11 | Herencia con sustitución de heredero y derechos del cónyuge.

| 12 | Resumen sobre la ordenación sucesoria por comisario en el País Vasco.

| 13 | Mención en testamento sobre bienes privativos futuros.

| 14 | Redacción de correo para requerir a un periódico la retirada de una foto por vulneración de derecho a la imagen.

| 15 | Responsabilidad por daños causados por ladridos de perros y cómo exigirla.

| 16 | Comprobación de la veracidad de un texto sobre la regulación de sucesiones en el País Vasco.

| 17 | Explicación sobre la sucesión forzosa en el País Vasco, incluyendo normativa y jurisprudencia.

| 18 | Cláusula de acceso a un terreno.

| 19 | Guía sobre cómo declarar una herencia y trámites relacionados.

| 20 | Cláusula sobre la obligación de elevar a escritura pública un contrato de compraventa.

| 21 | Cláusula en la que el comprador asume el recibo de bienes inmuebles aunque no esté a su nombre.

| 22 | Contrato de compraventa indicando que el IBI sea asumido por el comprador proporcionalmente.

| 23 | Motivos de casación y cómo utilizarlos.

| 24 | Borrador de escrito de personación en recurso de apelación civil.

| 25 | Modelo de monitorio para reclamación de factura por detective privado ante incumplimiento de expectativas.

| 26 | Formulario para reclamar el pago de alquileres vencidos.

| 27 | Carta reclamando el pago de alquileres.

| 28 | Contrato de préstamo entre particulares sin intereses.

| 29 | Solicitud de medidas de custodia en oposición a una demanda o reconvención.

| 30 | Explicación sobre la fiscalidad de las arras penitenciales.

| 31 | Guía sobre los pasos a seguir para solicitar la rectificación de una declaración de renta.

| 32 | Requisitos para impugnar un testamento en Galicia.

| 33 | Ejemplo de cláusula para incluir en un contrato de cesión de derechos sobre herencias.

| 34 | Redacción de un burofax solicitando la retirada de fotos por infracción de derechos de imagen.

| 35 | Ejemplo de carta de requerimiento por incumplimiento de contrato de compraventa de terreno.

| 36 | Análisis sobre las consecuencias de la omisión del pie de recurso en notificaciones administrativas.

| 37 | Cláusula de retracto en contrato de compraventa de bienes inmuebles.

| 38 | Explicación sobre la diferencia entre usufructo y nuda propiedad en sucesiones.

| 39 | Ejemplo de modelo de contrato de permuta de inmuebles.

| 40 | Análisis sobre la protección de menores en procesos de herencia.

| 41 | Redacción de un recurso contra resolución administrativa de un registro de la propiedad.

| 42 | Estrategias jurídicas para impugnar una herencia por falta de testamento válido.

| 43 | Cláusula de derecho de tanteo en un contrato de compraventa de propiedad.

| 44 | Recurso de reposición contra liquidación de impuesto de transmisiones patrimoniales.

| 45 | Guía sobre cómo solicitar el reintegro de gastos hipotecarios tras una sentencia.

| 46 | Modelo de cláusula penal en contrato de arras.

| 47 | Estrategias para defender la validez de un legado en un testamento.

| 48 | Análisis sobre los derechos del cónyuge viudo en herencias.

| 49 | Redacción de una carta de aviso de impago de alquiler.

| 50 | Ejemplo de escrito de oposición a demanda de reclamación de cantidad.

| 51 | Procedimiento para reclamar la devolución de señal en contratos de compraventa.

| 52 | Explicación sobre la figura del albacea en el derecho sucesorio.

| 53 | Redacción de un contrato de cesión de derechos hereditarios.

| 54 | Estrategias para impugnar la validez de un contrato de donación.

| 55 | Recurso de apelación en caso de denegación de pensión de viudedad.

| 56 | Ejemplo de escrito de solicitud de medidas cautelares en caso de conflicto hereditario.

| 57 | Modelo de contrato de préstamo con garantía hipotecaria.

| 58 | Cláusula de renuncia a derechos de herencia.

| 59 | Análisis sobre los requisitos legales para la venta de bienes privativos en matrimonio.

| 60 | Estrategias para defender la nulidad de una donación por incapacidad del donante.

| 61 | Procedimiento para solicitar la inscripción de una herencia en el registro de la propiedad.

| 62 | Ejemplo de cláusula de usufructo vitalicio en testamentos.

| 63 | Revisión de la jurisprudencia sobre la legítima estricta y mejoras.

| 64 | Redacción de un contrato de arrendamiento con opción a compra.

| 65 | Modelo de carta de preaviso de resolución de contrato de arrendamiento.

| 66 | Estrategias para la defensa en reclamaciones por defectos en la compraventa.

| 67 | Análisis sobre la responsabilidad civil derivada de posesión de animales.

| 68 | Ejemplo de carta de requerimiento para resolución de contrato por incumplimiento.

| 69 | Recurso de reposición ante denegación de inscripción registral.

| 70 | Procedimiento para solicitar la partición de una herencia en común acuerdo.

| 71 | Redacción de una cláusula de hipoteca inversa en contrato de préstamo.

| 72 | Estrategias para la reclamación de arras en contratos incumplidos.

| 73 | Guía sobre la tributación en donaciones entre familiares.

| 74 | Redacción de un recurso contra resolución del catastro.

| 75 | Estrategias para reclamar gastos hipotecarios en juicios civiles.

| 76 | Cláusula de protección de menores en contratos de cesión de derechos.

| 77 | Procedimiento para solicitar medidas de protección de incapaces en herencias.

| 78 | Ejemplo de recurso de apelación por falta de legimitación en contrato de arrendamiento.

| 79 | Recurso de reposición contra embargo por falta de pago en compraventa.

| 80 | Estrategias para impugnar cláusulas abusivas en contratos de compraventa.

| 81 | Redacción de un modelo de contrato de arrendamiento financiero.

| 82 | Análisis sobre el derecho de retracto en la Ley de Arrendamientos Urbanos.

| 83 | Ejemplo de escrito de solicitud de prórroga en contrato de arrendamiento.

| 84 | Revisión de la jurisprudencia sobre la partición judicial de herencias.

| 85 | Estrategias para reclamar daños y perjuicios por incumplimiento contractual.

| 86 | Guía para redactar cláusulas de confidencialidad en contratos de cesión de derechos.

| 87 | Modelo de recurso contra resolución de liquidación de comunidad de bienes.

| 88 | Procedimiento para solicitar inscripción de mejora en herencia.

| 89 | Análisis sobre la figura del comisario en la ordenación sucesoria.

| 90 | Redacción de un contrato de permuta de bienes inmuebles.

| 91 | Estrategias para impugnar cláusulas penales en contratos de arras.

| 92 | Ejemplo de carta de requerimiento por daños en propiedad alquilada.

| 93 | Redacción de un recurso de reposición por negativa a inscripción de herencia.

| 94 | Análisis sobre el pago de la plusvalía municipal en transmisiones hereditarias.

| 95 | Estrategias para defender la validez de un contrato de cesión de derechos.

| 96 | Redacción de una cláusula de arbitraje en contratos civiles.

| 97 | Ejemplo de recurso de apelación por impugnación de testamento.

| 98 | Procedimientos para reclamar deuda por contrato de compraventa incumplido.

| 99 | Redacción de contrato de cesión de derechos de imagen.

| 100 | Modelo de solicitud de modificación de escritura de compraventa en registro.

| 101 | Procedimiento para reclamar gastos de notaría en una herencia.

| 102 | Estrategias para impugnar la validez de un contrato de arrendamiento por falta de consentimiento.

| 103 | Redacción de una cláusula de uso exclusivo de áreas comunes en contratos de comunidad de propietarios.

| 104 | Ejemplo de carta para solicitar la devolución de un depósito de alquiler.

| 105 | Procedimiento para solicitar la nulidad de una cláusula de vencimiento anticipado en préstamos hipotecarios.

| 106 | Estrategias para defender la nulidad de testamento por vicio en la voluntad.

| 107 | Modelo de solicitud de prórroga en la inscripción registral de propiedad.

| 108 | Redacción de contrato de cesión de derechos de propiedad intelectual.

| 109 | Estrategias para solicitar la reducción de la base imponible en la liquidación de plusvalía.

| 110 | Procedimiento para presentar un monitorio por impago de rentas en contratos de arrendamiento.

| 111 | Ejemplo de cláusula de condonación de deuda en contrato de compraventa.

| 112 | Guía para redactar un testamento que incluya legado y sustitución vulgar.

| 113 | Modelo de solicitud de partición de herencia en notaría.

| 114 | Estrategias para reclamar daños por defectos ocultos en compraventa de inmuebles.

| 115 | Ejemplo de recurso de alzada contra resolución que deniega inscripción registral.

| 116 | Procedimiento para solicitar la anulación de compraventa por error en el objeto.

| 117 | Redacción de cláusula de exclusión de garantía en contratos de compraventa.

| 118 | Modelo de contrato de arrendamiento de local de negocio con opción de traspaso.

| 119 | Estrategias para impugnar el reparto de herencia por desigualdad en la partición.

| 120 | Ejemplo de escrito de requerimiento de pago por deuda en arrendamiento.

| 121 | Procedimiento para presentar una demanda de división de cosa común.

| 122 | Estrategias para defender la validez de un pacto de mejora en derecho sucesorio.

| 123 | Guía sobre la inclusión de cláusulas de arbitraje en contratos de servicios.

| 124 | Ejemplo de modelo de escritura de renuncia a derechos hereditarios.

| 125 | Estrategias para solicitar la modificación de medidas cautelares en un proceso civil.

| 126 | Redacción de un contrato de cesión de derechos de explotación de obra literaria.

| 127 | Procedimiento para solicitar la inscripción de mejora en un testamento abierto.

| 128 | Modelo de solicitud de intervención de albacea en la partición de herencia.

| 129 | Estrategias para reclamar indemnización por incumplimiento de contrato de obra.

| 130 | Ejemplo de carta de requerimiento para entrega de bienes en contrato de compraventa.

| 131 | Procedimiento para solicitar la rescisión de un contrato por dolo.

| 132 | Redacción de cláusula de prohibición de cesión en contratos de arrendamiento.

| 133 | Guía para presentar un recurso de apelación en caso de nulidad de contrato.

| 134 | Modelo de cláusula de resolución por incumplimiento en contrato de prestación de servicios.

| 135 | Procedimiento para presentar una demanda de juicio verbal por posesión indebida.

| 136 | Estrategias para impugnar la validez de un legado en herencia.

| 137 | Ejemplo de escrito de solicitud de aclaración de sentencia en proceso civil.

| 138 | Procedimiento para reclamar la inclusión de bienes omitidos en la partición de herencia.

| 139 | Redacción de cláusula de renuncia al derecho de retracto en contratos de compraventa.

| 140 | Estrategias para solicitar la división judicial de un condominio.

| 141 | Guía sobre cómo redactar una cláusula de indivisibilidad en contratos de préstamo.

| 142 | Ejemplo de carta para solicitar el cumplimiento de contrato de compraventa.

| 143 | Modelo de recurso de reposición por error en la liquidación de impuestos de herencia.

| 144 | Procedimiento para solicitar la modificación de un testamento por codicilo.

| 145 | Estrategias para reclamar daños y perjuicios por incumplimiento de contrato de arrendamiento.

| 146 | Ejemplo de cláusula de exclusión de responsabilidad por fuerza mayor en contratos civiles.

| 147 | Redacción de contrato de arrendamiento con cláusula de prórroga automática.

| 148 | Procedimiento para reclamar gastos de comunidad en una herencia.

| 149 | Estrategias para defender la validez de un contrato de permuta de inmuebles.

| 150 | Ejemplo de recurso de apelación por negativa a inscripción de contrato en registro.

| 151 | Guía sobre la inclusión de cláusulas de mediación en contratos de compraventa.

| 152 | Redacción de una cláusula de prohibición de subarriendo en contratos de arrendamiento.

| 153 | Estrategias para impugnar la nulidad de un contrato de donación por incapacidad.

| 154 | Ejemplo de carta de requerimiento para la entrega de documentación en contrato civil.

| 155 | Procedimiento para solicitar la inscripción de legado en el registro de la propiedad.

| 156 | Estrategias para reclamar la nulidad de un testamento por falta de capacidad del testador.

| 157 | Ejemplo de cláusula de inclusión de mejoras en contratos de arrendamiento.

| 158 | Redacción de un contrato de cesión de derechos hereditarios entre hermanos.

| 159 | Procedimiento para presentar un recurso contra la negativa de inscripción de una herencia.

| 160 | Estrategias para defender la validez de una donación con cláusula de reversión.

| 161 | Ejemplo de modelo de acta de junta de propietarios para modificación de estatutos.

| 162 | Guía sobre los pasos para reclamar gastos de constitución de hipoteca.

| 163 | Estrategias para impugnar cláusulas abusivas en contratos de arrendamiento.

| 164 | Ejemplo de cláusula de fianza en contrato de arrendamiento de vivienda.

| 165 | Redacción de cláusula de penalización por incumplimiento en contratos civiles.

| 166 | Procedimiento para presentar una demanda de nulidad de contrato por falta de forma.

| 167 | Estrategias para solicitar la rescisión de un contrato de compraventa por vicio oculto.

| 168 | Ejemplo de carta de preaviso de resolución de contrato de arrendamiento por parte del inquilino.

| 169 | Redacción de una cláusula de subrogación en contratos de préstamo hipotecario.

| 170 | Procedimiento para presentar un recurso de revisión en caso de nulidad de acto judicial.

| 171 | Estrategias para reclamar indemnización por incumplimiento de contrato de servicios.

| 172 | Ejemplo de cláusula de prórroga automática en contratos de arrendamiento de locales.

| 173 | Redacción de un contrato de arrendamiento de vivienda con cláusula de opción a compra.

| 174 | Procedimiento para reclamar la devolución de la fianza en contratos de arrendamiento.

| 175 | Estrategias para defender la validez de un contrato de donación entre padres e hijos.

| 176 | Ejemplo de recurso de apelación en caso de incumplimiento de sentencia civil.

| 177 | Guía sobre cómo redactar un contrato de permuta con cláusulas de penalización.

| 178 | Redacción de cláusula de responsabilidad solidaria en contratos civiles.

| 179 | Procedimiento para presentar un monitorio por deuda de gastos de comunidad.

| 180 | Estrategias para solicitar la partición judicial de herencia con bienes en el extranjero.

| 181 | Ejemplo de cláusula de arras confirmatorias en contrato de compraventa.

| 182 | Modelo de solicitud de rectificación de inscripción en el registro de la propiedad.

| 183 | Procedimiento para impugnar una partición hereditaria por desigualdad.

| 184 | Estrategias para reclamar derechos de usufructo en herencia.

| 185 | Ejemplo de cláusula de exclusión de responsabilidad por hechos futuros en contratos.

| 186 | Redacción de contrato de arrendamiento con cláusula de subarriendo permitido.

| 187 | Procedimiento para solicitar la inscripción de una partición hereditaria en el registro.

| 188 | Estrategias para defender la validez de un contrato de préstamo sin intereses.

| 189 | Ejemplo de recurso de apelación en proceso de división de cosa común.

| 190 | Redacción de cláusula de extinción de contrato por mutuo acuerdo.

| 191 | Procedimiento para reclamar indemnización por incumplimiento de contrato de alquiler.

| 192 | Estrategias para impugnar la nulidad de testamento por influencia indebida.

| 193 | Ejemplo de modelo de contrato de usufructo vitalicio.

| 194 | Guía sobre cómo redactar un contrato de donación con condiciones suspensivas.

| 195 | Redacción de una cláusula de rescisión anticipada en contrato de arrendamiento.

| 196 | Procedimiento para solicitar la inclusión de cláusulas de mejoras en contrato de alquiler.

| 197 | Estrategias para defender la validez de un contrato de cesión de derechos de propiedad.

| **198** | Ejemplo de cláusula de indemnización por retraso en contrato de compraventa. |

| **199** | Redacción de un contrato de arrendamiento de vivienda con opción de traspaso. |

| **200** | Procedimiento para impugnar cláusulas abusivas en contrato de préstamo hipotecario. |

7.3. *Prompts* en el ámbito del Derecho Penal

A continuación, desarrollamos cómo crear *prompts* eficaces y de alta calidad para el ámbito del Derecho Penal, explicando cada supuesto de uso y proporcionando ejemplos comentados que orienten a los profesionales a formular preguntas precisas y relevantes en Iberley IA y ChatGPT.

7.3.1. Consultas jurídicas

Las consultas jurídicas en Derecho Penal deben ser precisas, abordando delitos específicos, penas, elementos del tipo penal, y doctrina aplicable. Es importante incluir contexto suficiente para obtener respuestas detalladas y ajustadas a la realidad.

> **Ejemplo de *prompt* comentado:**
>
> – Mal *prompt*: «Explícame el delito de lesiones».
>
> – Buen *prompt*: «¿Cuáles son los elementos constitutivos del delito de lesiones graves en España según el Código Penal y qué jurisprudencia relevante del Tribunal Supremo lo interpreta?».

Comentario: Especifica el tipo de delito (lesiones graves), la fuente legal (Código Penal) y la necesidad de incluir jurisprudencia, lo cual garantiza una respuesta más completa.

7.3.2. Creación de escritos

La redacción de escritos puede incluir denuncias, querellas, recursos, y alegatos. Es vital detallar el tipo de escrito y la base legal.

Ejemplo de *prompt* comentado:

– Mal *prompt*: «Escribe una denuncia».

– Buen *prompt*: «Redacta una denuncia por amenazas, incluyendo los artículos del Código Penal aplicables y un relato de hechos verosímil».

Comentario: Indica el tipo de denuncia (amenazas) y pide referencias legales, facilitando la redacción precisa y acorde a la ley.

7.3.3. Traducciones jurídicas

Las traducciones deben mantener la terminología precisa para que no se pierda la esencia del documento. Es crucial indicar el idioma y el tipo de documento.

Ejemplo de *prompt* comentado:

– Mal *prompt*: «Traduce este documento legal».

– Buen *prompt*: «Traduce al inglés una sentencia penal por tráfico de drogas, cuidando los términos técnicos y legales».

Comentario: Especifica el tipo de documento (sentencia penal) y el área de derecho (tráfico de drogas), garantizando una traducción adecuada.

7.3.4. Redacción de burofaxes

Un burofax puede ser utilizado para requerimientos formales, avisos de medidas cautelares, etc. Debe incluir la intención y el contexto legal.

Ejemplo de *prompt* comentado:

– Mal *prompt*: «Escribe un burofax de advertencia».

– Buen *prompt*: «Redacta un burofax advirtiendo a un sospechoso sobre la intención de emprender acciones legales por calumnias, mencionando los artículos 205 y 206 del Código Penal».

Comentario: Incluye la normativa específica, lo que asegura un documento completo y bien fundamentado.

7.3.5. Generación de informes legales

Un informe penal debe incluir análisis de delitos, doctrinas, jurisprudencia, y artículos específicos. El *prompt* debe detallar el tema y los elementos a incluir.

Ejemplo de *prompt* comentado:

- **Mal** *prompt*: «Haz un informe sobre delitos económicos».

- **Buen** *prompt*: «Genera un informe sobre la aplicación del delito de estafa en casos de contratos simulados, incluyendo referencias al artículo 248 del Código Penal y jurisprudencia actual».

Comentario: Especifica el delito (estafa), su aplicación (contratos simulados) y la normativa aplicable, lo que permite un análisis exhaustivo.

7.3.6. Creación de guías prácticas

Las guías deben explicar procedimientos y derechos relacionados con procesos penales de manera clara y detallada.

Ejemplo de *prompt* comentado:

- **Mal** *prompt*: «Guía de derecho penal».

- **Buen** *prompt*: «Crea una guía práctica para el procedimiento de habeas corpus en España, explicando los derechos del detenido y las etapas del proceso».

Comentario: Indica un tema específico (habeas corpus) y los elementos necesarios (derechos y etapas), proporcionando un documento útil y directo.

7.3.7. Asesoría en redacción de contratos

Aunque en Derecho Penal no se redactan contratos, sí pueden formularse acuerdos de colaboración, como los relacionados con delaciones premiadas o colaboraciones con la justicia.

Ejemplo de *prompt* comentado:

- Mal *prompt*: «Redacta un acuerdo de colaboración».

- Buen *prompt*: «Redacta un acuerdo de colaboración entre un imputado y el Ministerio Fiscal para la reducción de la pena, citando los artículos pertinentes del Código Penal y de la Ley de Enjuiciamiento Criminal».

Comentario: Especifica el tipo de acuerdo (colaboración) y los artículos que deben considerarse.

7.3.8. Elaboración de resúmenes jurídicos

Los resúmenes deben enfocarse en normativas específicas o casos relevantes, proporcionando la esencia de los puntos legales.

Ejemplo de *prompt* comentado:

- Mal *prompt*: «Resume la ley penal».

- Buen *prompt*: «Resume los aspectos principales del delito de omisión del deber de socorro según el artículo 195 del Código Penal y ejemplos de jurisprudencia».

Comentario: Especifica el delito, el artículo correspondiente y pide ejemplos, logrando un resumen más centrado y útil.

7.3.9. Creación de mails para clientes

Los correos deben comunicar la información de manera clara y profesional. Deben detallar el contenido y propósito.

Ejemplo de *prompt* comentado:

- Mal *prompt*: «Escribe un mail informativo».

- Buen *prompt*: «Redacta un correo para un cliente explicando las consecuencias penales de haber sido acusado de lesiones leves, citando el artículo 147 del Código Penal».

Comentario: Indica el contenido (lesiones leves) y la normativa que se debe mencionar, asegurando precisión.

7.3.10. Crea estrategias judiciales y procesales

Las estrategias deben centrarse en normativas, pruebas y defensas aplicables. Debe mencionarse el contexto del caso y los objetivos.

Ejemplo de *prompt* comentado:

- **Mal *prompt***: «Crea una estrategia para juicio».

- **Buen *prompt***: «Elabora una estrategia de defensa para un cliente acusado de hurto en establecimiento comercial, considerando la atenuante de reparación del daño según el Código Penal».

Comentario: Indica el tipo de delito y la línea de defensa, lo que permite crear una estrategia clara y bien estructurada.

7.3.11. Crea análisis jurídicos

El análisis debe centrarse en normativa y doctrina, con un enfoque claro y bien documentado.

Ejemplo de *prompt* comentado:

- **Mal *prompt***: «Analiza un caso penal».

- **Buen *prompt***: «Analiza la responsabilidad penal de los administradores de una empresa en delitos de apropiación indebida, citando jurisprudencia relevante y los artículos 252 y 253 del Código Penal».

Comentario: Se detalla el tema (responsabilidad de administradores) y se citan artículos, garantizando un análisis útil y fundamentado.

7.3.12. Detecta criterios jurisprudenciales al momento

Los criterios jurisprudenciales deben enfocarse en un delito o situación específica.

Ejemplo de *prompt* comentado:

- Mal *prompt*: «Dame jurisprudencia sobre robos».

- Buen *prompt*: «Detecta los criterios jurisprudenciales recientes del Tribunal Supremo sobre la agravante de uso de armas en robos con violencia».

Comentario: Delimita el tipo de jurisprudencia y la situación, lo que ayuda a obtener una respuesta detallada.

7.3.13. Crea cláusulas contractuales

En Derecho Penal, las cláusulas contractuales pueden referirse a acuerdos de confidencialidad en procesos judiciales o compromisos de colaboración.

Ejemplo de *prompt* comentado:

- Mal *prompt*: «Haz una cláusula de acuerdo».

- Buen *prompt*: «Redacta una cláusula de confidencialidad para un acuerdo de colaboración en un proceso penal, especificando las obligaciones de las partes».

Comentario: El *prompt* detalla la cláusula y el contexto (proceso penal), garantizando precisión.

7.3.14. Conclusión

Crear *prompts* exitosos en Derecho Penal implica ser claro, específico y detallar los elementos clave. Esto asegura que Iberley IA pueda proporcionar respuestas precisas y útiles, maximizando la efectividad y utilidad de la herramienta para los profesionales del Derecho Penal.

7.3.15. 200 ideas para crear *prompts* eficaces en Derecho Penal

| 1 | Explica la individualización de las acciones típicas en las agresiones sexuales con doctrina y jurisprudencia del Supremo. |

| 2 | Explica los problemas de concurso de normas en las agresiones sexuales en grupo. |

| 3 | Concepto de «Aberratio Ictus» y regulación en el Código Penal. |

| 4 | Diferencias entre agresión y abuso sexual según la legislación vigente y jurisprudencia. |

| 5 | Redacta un escrito de alegaciones en un proceso por lesiones leves. |

| 6 | Análisis de la imputabilidad penal en casos de trastorno mental transitorio. |

| 7 | Explicación sobre la eximente completa y la atenuante por embriaguez. |

| 8 | Jurisprudencia reciente sobre la legítima defensa en procesos penales. |

| 9 | Redacción de escrito de personación en procedimiento penal como acusación particular. |

| 10 | Modelo de denuncia por amenazas continuadas en el ámbito doméstico. |

| 11 | Explicación de los elementos constitutivos del delito de estafa. |

| 12 | Jurisprudencia sobre la preterintencionalidad en el delito de homicidio. |

| 13 | Redacción de recurso de apelación contra auto de sobreseimiento provisional. |

| 14 | Diferencias entre dolo eventual y culpa consciente con ejemplos prácticos. |

| 15 | Explicación sobre el principio de proporcionalidad en la aplicación de penas. |

| 16 | Modelo de escrito de solicitud de suspensión de condena por pena de prisión inferior a dos años.

| 17 | Jurisprudencia sobre la doctrina del «in dubio pro reo».

| 18 | Análisis de la reincidencia y su tratamiento penal en el Código Penal.

| 19 | Procedimiento para la solicitud de indulto parcial en casos penales.

| 20 | Explicación de la responsabilidad penal de las personas jurídicas.

| 21 | Ejemplo de escrito de solicitud de libertad provisional en un proceso por robo.

| 22 | Análisis del delito de falsedad documental y su tipificación.

| 23 | Explicación sobre el concurso medial de delitos y su aplicación práctica.

| 24 | Jurisprudencia sobre el delito de blanqueo de capitales.

| 25 | Estrategias de defensa en procesos penales por coacciones.

| 26 | Redacción de una querella criminal por delito de apropiación indebida.

| 27 | Explicación del principio «non bis in idem» y sus implicaciones en el proceso penal.

| 28 | Jurisprudencia sobre la aplicación de la pena de trabajos en beneficio de la comunidad.

| 29 | Modelo de escrito de acusación particular en un caso de lesiones.

| 30 | Explicación de la responsabilidad penal de menores en el sistema jurídico español.

| 31 | Análisis sobre la agravante de alevosía en el delito de homicidio.

| 32 | Redacción de recurso de reforma contra auto de prisión preventiva.

| 33 | Explicación sobre la aplicación de la atenuante de reparación del daño.

| 34 | Jurisprudencia sobre delitos de odio y su interpretación.

| 35 | Ejemplo de escrito de solicitud de medidas cautelares penales.

| 36 | Análisis del delito de injurias y calumnias en redes sociales.

| 37 | Estrategias para la defensa en un proceso penal por hurto agravado.

| 38 | Modelo de denuncia por delito de maltrato animal.

| 39 | Explicación sobre la eximente de cumplimiento de un deber y su alcance.

| 40 | Jurisprudencia sobre la aplicación del artículo **379** del Código Penal (delitos de tráfico).

| 41 | Redacción de un escrito de desistimiento en proceso penal por delitos leves.

| 42 | Explicación de las diferencias entre tentativa acabada e inacabada.

| 43 | Análisis de la agravante de reincidencia en el Código Penal español.

| 44 | Procedimiento para presentar un recurso de casación penal.

| 45 | Explicación del delito de usurpación de identidad y ejemplos jurisprudenciales.

| 46 | Jurisprudencia sobre la aplicación de la pena accesoria de inhabilitación.

| 47 | Redacción de un escrito de personación como abogado defensor en proceso penal.

| 48 | Explicación del principio de legalidad en el Derecho Penal.

| 49 | Estrategias para la defensa en un proceso penal por delito de falsificación de moneda.

| 50 | Modelo de recurso de súplica en el ámbito penal.

| 51 | Explicación sobre el delito de corrupción en las transacciones comerciales.

| 52 | Análisis sobre el principio de proporcionalidad en medidas cautelares penales.

| 53 | Jurisprudencia sobre la atenuante de confesión espontánea.

| 54 | Redacción de escrito de solicitud de revisión de condena penal por error de hecho.

| 55 | Explicación sobre la autoría y participación en el delito según el Código Penal.

| 56 | Jurisprudencia sobre la prisión provisional y su duración máxima.

| 57 | Redacción de una denuncia por delito contra el honor (calumnias e injurias).

| 58 | Estrategias de defensa en un proceso penal por amenazas.

| 59 | Explicación del delito de revelación de secretos y ejemplos prácticos.

| 60 | Modelo de recurso de amparo ante el Tribunal Constitucional en caso penal.

| 61 | Análisis sobre el uso de la prueba pericial en procesos penales.

| 62 | Estrategias para impugnar una condena por violencia de género.

| 63 | Ejemplo de escrito de oposición a la prisión preventiva.

| 64 | Jurisprudencia sobre el principio de humanidad de las penas.

| 65 | Explicación sobre el delito de amenazas condicionales y sus penas.

| 66 | Modelo de querella por delito de cohecho en el ámbito público.

| 67 | Procedimiento para solicitar la revisión de medidas cautelares en el ámbito penal.

| 68 | Explicación sobre la diferencia entre dolo directo y dolo eventual.

| 69 | Jurisprudencia sobre la aplicación del artículo 183 (delitos contra la libertad sexual).

| 70 | Redacción de una denuncia por delito de robo con violencia.

| 71 | Estrategias de defensa en casos de delitos de abuso de confianza.

| 72 | Explicación sobre la eximente de miedo insuperable en el Código Penal.

| 73 | Jurisprudencia sobre delitos de tráfico de drogas y su graduación.

| 74 | Redacción de recurso de apelación contra sentencia penal.

| 75 | Explicación sobre los elementos del delito de encubrimiento.

| 76 | Modelo de escrito de oposición a medida cautelar de alejamiento.

| 77 | Estrategias para la defensa en un proceso penal por delito de daños.

| 78 | Jurisprudencia sobre la aplicación del principio de intervención mínima en el Derecho Penal.

| 79 | Explicación sobre el delito de acoso y sus consecuencias penales.

| 80 | Modelo de escrito de solicitud de libertad bajo fianza.

| 81 | Estrategias de defensa en procesos por delitos de estafa continuada.

| 82 | Redacción de una querella por delito de allanamiento de morada.

| 83 | Jurisprudencia sobre la interpretación del artículo **20** (causas de justificación).

| 84 | Explicación sobre el delito de tráfico de influencias y ejemplos prácticos.

| 85 | Modelo de recurso de reforma contra denegación de diligencias previas.

| 86 | Procedimiento para impugnar la ejecución de una sentencia penal.

| 87 | Explicación sobre el delito de coacciones y su diferencia con la amenaza.

| 88 | Jurisprudencia sobre el uso de grabaciones como prueba en el proceso penal.

| 89 | Estrategias de defensa en procesos penales por delitos de receptación.

| 90 | Ejemplo de escrito de alegaciones en un proceso penal por cohecho.

| 91 | Explicación sobre la aplicación de la eximente de legítima defensa en caso de homicidio.

| 92 | Jurisprudencia sobre el principio de favorabilidad en el Derecho Penal.

| 93 | Redacción de un recurso de apelación en proceso por delitos de lesiones.

| 94 | Estrategias de defensa en casos de acusaciones por injurias en medios digitales.

| 95 | Explicación del delito de abandono de familia y sus consecuencias legales.

| 96 | Jurisprudencia sobre la aplicación de medidas alternativas a la prisión.

| 97 | Ejemplo de escrito de solicitud de sobreseimiento de causa penal.

| 98 | Explicación del delito de calumnias y su tipificación en el Código Penal.

| 99 | Estrategias para la defensa en procesos penales por delitos informáticos.

| 100 | Redacción de una denuncia por delitos contra la intimidad y protección de datos.

| 101 | Explicación del delito de daños y sus distintas modalidades en el Código Penal.

| 102 | Modelo de recurso de apelación por falta de prueba suficiente en proceso penal.

| 103 | Jurisprudencia sobre el principio de presunción de inocencia y su alcance.

| 104 | Estrategias para impugnar una orden de alejamiento en caso de error de hecho.

| 105 | Ejemplo de escrito de oposición a medida cautelar de prisión.

| 106 | Explicación sobre el delito de tráfico ilegal de órganos y su regulación.

| 107 | Jurisprudencia sobre la aplicación del artículo 172 (delitos de coacciones).

| 108 | Redacción de una querella por delito de falsedad documental.

| 109 | Estrategias de defensa en procesos penales por delito de apropiación indebida.

| 110 | Modelo de escrito de solicitud de prueba pericial en proceso penal.

| 111 | Explicación sobre el delito de lesiones imprudentes y ejemplos.

| 112 | Jurisprudencia sobre el principio de inmediatez en el proceso penal.

| 113 | Redacción de un escrito de oposición a la prórroga de prisión preventiva.

| 114 | Explicación sobre el delito de homicidio imprudente y su regulación.

| 115 | Estrategias para la defensa en procesos penales por delitos contra la salud pública.

| 116 | Ejemplo de escrito de alegaciones en un proceso penal por injurias.

| 117 | Jurisprudencia sobre la aplicación de la atenuante de arrepentimiento espontáneo.

| 118 | Redacción de un recurso de revisión en materia penal.

| 119 | Explicación sobre el principio de seguridad jurídica en el Derecho Penal.

| 120 | Estrategias de defensa en procesos por delitos de robo con fuerza en las cosas.

| 121 | Ejemplo de escrito de denuncia por delito de extorsión.

| 122 | Explicación sobre la concurrencia de agravantes y atenuantes en el Código Penal.

| 123 | Jurisprudencia sobre el uso de la videovigilancia como prueba en el proceso penal.

| 124 | Redacción de recurso de queja en materia penal.

| 125 | Estrategias de defensa en procesos penales por delitos de allanamiento de morada.

| 126 | Explicación sobre el delito de prevaricación administrativa y ejemplos.

| 127 | Jurisprudencia sobre la aplicación del artículo 21 (circunstancias modificativas de la responsabilidad criminal).

| 128 | Redacción de una denuncia por delito de amenazas en el ámbito familiar.

| 129 | Estrategias para la defensa en procesos penales por delitos de estafa.

| 130 | Explicación sobre la aplicación de la eximente por minoría de edad en procesos penales.

| 131 | Jurisprudencia sobre la aplicación de la pena de inhabilitación especial.

| 132 | Ejemplo de escrito de oposición a la solicitud de medidas cautelares en caso penal.

| 133 | Explicación sobre el delito de secuestro y su tipificación en el Código Penal.

| 134 | Estrategias para impugnar una condena por delito de injurias en redes sociales.

| 135 | Redacción de un escrito de solicitud de medidas de protección a la víctima en proceso penal.

| 136 | Jurisprudencia sobre la aplicación de la prescripción del delito.

| 137 | Explicación del delito de trata de seres humanos y ejemplos jurisprudenciales.

| 138 | Modelo de escrito de solicitud de prueba testifical en proceso penal.

| 139 | Estrategias de defensa en casos de acusaciones de coacciones leves.

| 140 | Explicación sobre el delito de omisión del deber de socorro.

| 141 | Jurisprudencia sobre la aplicación del artículo 384 (conducción sin licencia).

| 142 | Redacción de recurso de nulidad en proceso penal.

| 143 | Estrategias de defensa en procesos penales por delito de corrupción de menores.

| 144 | Ejemplo de escrito de oposición a la ejecución de una sentencia penal.

| 145 | Explicación sobre el delito de acoso sexual y su regulación.

| 146 | Jurisprudencia sobre el principio de especialidad en Derecho Penal.

| 147 | Redacción de una denuncia por delitos de amenazas y coacciones.

| 148 | Estrategias de defensa en procesos penales por delito de lesiones.

| 149 | Ejemplo de escrito de oposición a medida de internamiento provisional.

| 150 | Explicación sobre el delito de agresión sexual y diferencias con abuso sexual.

| 151 | Jurisprudencia sobre el uso de pruebas obtenidas mediante intervención telefónica.

| 152 | Redacción de un escrito de solicitud de suspensión de la ejecución de condena.

| 153 | Estrategias para la defensa en procesos penales por delitos de homicidio imprudente.

| 154 | Ejemplo de escrito de solicitud de medidas cautelares penales.

| 155 | Explicación sobre el principio de «non bis in idem» y su aplicación en el proceso penal.

| 156 | Jurisprudencia sobre la aplicación del principio de congruencia en sentencias penales.

| 157 | Redacción de un recurso de apelación contra sentencia condenatoria en proceso penal.

| 158 | Estrategias para la defensa en procesos penales por delitos de estafa informática.

| 159 | Ejemplo de escrito de solicitud de aplazamiento de juicio en causa penal.

| 160 | Explicación sobre el delito de blanqueo de capitales y sus penas.

| 161 | Jurisprudencia sobre la suspensión de penas privativas de libertad.

| 162 | Redacción de un escrito de desistimiento de acusación particular en proceso penal.

| 163 | Estrategias para impugnar una orden de alejamiento en proceso penal.

| 164 | Ejemplo de escrito de denuncia por delito de daños.

| 165 | Explicación sobre el delito de tráfico de drogas y su graduación en el Código Penal.

| 166 | Jurisprudencia sobre la aplicación de la reincidencia como agravante.

| 167 | Redacción de una denuncia por delitos de coacciones.

| 168 | Estrategias de defensa en casos de acusación por acoso laboral.

| 169 | Explicación sobre el delito de extorsión y su tipificación en el Código Penal.

| 170 | Jurisprudencia sobre la aplicación de la legítima defensa en procesos penales.

| 171 | Ejemplo de escrito de solicitud de reconocimiento de error judicial.

| 172 | Estrategias de defensa en procesos penales por delitos de falsificación de documentos.

| 173 | Explicación sobre el delito de robo con intimidación y su tipificación.

| 174 | Jurisprudencia sobre la exclusión de pruebas obtenidas sin garantías procesales.

| 175 | Redacción de un escrito de denuncia por delito de injurias graves.

| 176 | Estrategias para impugnar la imposición de medidas de seguridad en procesos penales.

| 177 | Explicación sobre la participación y autoría en el delito de homicidio.

| 178 | Jurisprudencia sobre el uso de cámaras de videovigilancia como prueba. |

| 179 | Redacción de un recurso de súplica en proceso penal. |

| 180 | Estrategias de defensa en procesos por delitos de amenazas leves. |

| 181 | Ejemplo de escrito de alegaciones en caso de acusación por tráfico de drogas. |

| 182 | Explicación sobre el delito de blanqueo de capitales en redes criminales. |

| 183 | Jurisprudencia sobre el uso de la prueba testifical en delitos de violencia de género. |

| 184 | Redacción de un recurso de nulidad contra sentencia penal firme. |

| 185 | Estrategias de defensa en procesos penales por delitos contra la libertad sexual. |

| 186 | Ejemplo de escrito de solicitud de nulidad de actuaciones en proceso penal. |

| 187 | Explicación sobre el delito de receptación y sus penas. |

| 188 | Jurisprudencia sobre la aplicación del artículo 243 (detención ilegal). |

| 189 | Redacción de una denuncia por delito de estafa. |

| 190 | Estrategias para impugnar pruebas periciales en procesos penales. |

| 191 | Explicación sobre el delito de corrupción de menores y su regulación. |

| 192 | Jurisprudencia sobre el principio de culpabilidad en el proceso penal. |

| 193 | Redacción de un recurso de casación en proceso penal. |

| 194 | Estrategias de defensa en casos de acusación por delito de lesiones graves. |

| 195 | Ejemplo de escrito de solicitud de archivo de causa penal por falta de pruebas. |

| 196 | Explicación sobre el delito de fraude fiscal y su tipificación en el Código Penal. |

| 197 | Jurisprudencia sobre el uso de pruebas ilícitas en el proceso penal. |

| 198 | Redacción de una denuncia por delitos contra la seguridad vial. |

| 199 | Estrategias para impugnar la declaración de un testigo en proceso penal. |

| 200 | Ejemplo de escrito de solicitud de vista oral en proceso penal. |

7.4. *Prompts* en el ámbito del Derecho Administrativo

Siguiendo los ejemplos anteriores, desarrollamos cómo crear *prompts* efectivos y de gran calidad para profesionales del Derecho Administrativo, explicando cada supuesto de uso y proporcionando ejemplos comentados para cada uno, de forma que se maximice la utilidad de Iberley IA y ChatGPT.

7.4.1. Consultas jurídicas

Las consultas jurídicas en este ámbito deben incluir detalles sobre procedimientos administrativos, legislación aplicable, competencias de las administraciones públicas y jurisprudencia relevante. La precisión es fundamental para obtener respuestas útiles.

> **Ejemplo de *prompt* comentado:**
>
> – Mal *prompt*: «Explícame la responsabilidad de la Administración».
>
> – Buen *prompt*: «¿Cuáles son los requisitos para reclamar la responsabilidad patrimonial de la Administración en caso de caída en la vía pública según la Ley 39/2015?».

Comentario: Se incluye el contexto (caída en la vía pública) y la normativa (Ley 39/2015), permitiendo una respuesta enfocada.

7.4.2. Creación de escritos

Los escritos pueden ser recursos administrativos, alegaciones, solicitudes de licencias, etc. Es importante mencionar el tipo de escrito y la normativa aplicable.

Ejemplo de *prompt* comentado:

- **Mal *prompt***: «Redacta un recurso».

- **Buen *prompt***: «Redacta un recurso de reposición contra la denegación de una licencia urbanística, citando los artículos relevantes de la Ley de Suelo y jurisprudencia aplicable».

Comentario: Se especifica el tipo de recurso y el contexto (licencia urbanística), lo que facilita una redacción precisa.

7.4.3. Traducciones jurídicas

Las traducciones deben mantener la terminología adecuada para asegurar la precisión en documentos relacionados con procedimientos y resoluciones administrativas.

Ejemplo de *prompt* comentado:

- **Mal *prompt***: «Traduce un documento legal».

- **Buen *prompt***: «Traduce al inglés una resolución administrativa sobre una sanción en materia de protección de datos, manteniendo la precisión terminológica».

Comentario: Se indica el tipo de documento y el área (protección de datos), lo que ayuda a una traducción precisa.

7.4.4. Redacción de burofaxes

Los burofaxes pueden ser utilizados para notificar requerimientos, objeciones, y otros temas administrativos. Es importante incluir el propósito y los elementos relevantes.

Ejemplo de *prompt* comentado:

- **Mal *prompt***: «Escribe un burofax».

- **Buen** *prompt*: «Redacta un burofax para notificar a un Ayuntamiento la intención de interponer recurso contra una ordenanza fiscal que incrementa el IBI».

Comentario: Se especifica el destinatario (Ayuntamiento) y el propósito (notificar recurso), garantizando un documento relevante.

7.4.5. Generación de informes legales

Un informe legal debe incluir un análisis detallado de la normativa, doctrina y jurisprudencia. El *prompt* debe especificar la legislación y el contexto.

Ejemplo de *prompt* comentado:

- **Mal** *prompt*: «Haz un informe sobre licencias».

- **Buen** *prompt*: «Genera un informe sobre los requisitos legales y jurisprudencia reciente sobre licencias de obra mayor en España».

Comentario: Se especifica el tipo de licencia (obra mayor) y el país, garantizando un análisis completo.

7.4.6. Creación de guías prácticas

Las guías deben incluir un paso a paso de los procedimientos administrativos y las leyes aplicables, explicados de manera clara.

Ejemplo de *prompt* comentado:

- **Mal** *prompt*: «Haz una guía de recursos».

- **Buen** *prompt*: «Crea una guía práctica sobre cómo interponer un recurso contencioso-administrativo, indicando plazos, requisitos y pasos a seguir».

Comentario: Se detalla el tipo de guía y los elementos necesarios, proporcionando información útil.

7.4.7. Asesoría en redacción de contratos

Aunque la redacción de contratos no es tan común en Derecho Administrativo, puede incluir convenios con entidades públicas o contratos de concesión.

Ejemplo de *prompt* comentado:

- **Mal *prompt***: «Redacta un contrato».

- **Buen *prompt***: «Redacta un contrato de concesión administrativa para la gestión de un parking público, incluyendo las cláusulas esenciales conforme a la Ley de Contratos del Sector Público».

Comentario: Especifica el tipo de contrato (concesión administrativa) y la normativa aplicable, lo que permite una redacción ajustada a derecho.

7.4.8. Elaboración de resúmenes jurídicos

Los resúmenes deben centrarse en leyes, procedimientos y casos administrativos relevantes, presentados de forma breve pero clara.

Ejemplo de *prompt* comentado:

- **Mal *prompt***: «Resumen de la ley de administración».

- **Buen *prompt***: «Resume los aspectos clave de la Ley 39/2015 de Procedimiento Administrativo Común, destacando los derechos de los ciudadanos y los plazos de respuesta de la Administración».

Comentario: Se especifica la ley y los puntos clave, garantizando un resumen relevante.

7.4.9. Creación de mails para clientes

Los correos deben comunicar claramente aspectos relacionados con procedimientos administrativos, sanciones, licencias, etc.

Ejemplo de *prompt* comentado:

- Mal *prompt*: «Escribe un mail sobre una multa».

- Buen *prompt*: «Redacta un correo para informar a un cliente sobre los pasos a seguir para recurrir una multa administrativa de tráfico, citando los plazos y procedimientos conforme a la normativa española».

Comentario: Especifica el contenido del correo y los elementos a mencionar (multas, plazos), mejorando la precisión.

7.4.10. Crea estrategias judiciales y procesales

Las estrategias deben enfocarse en los procedimientos de defensa y presentación de pruebas en juicios contencioso-administrativos.

Ejemplo de *prompt* comentado:

- Mal *prompt*: «Haz una estrategia de juicio».

- Buen *prompt*: «Elabora una estrategia procesal para un juicio contencioso-administrativo en el que se impugna una sanción por infracción urbanística, incluyendo las pruebas a presentar y los argumentos legales».

Comentario: Detalla el tipo de juicio y las pruebas, permitiendo una estrategia específica y enfocada.

7.4.11. Crea análisis jurídicos

El análisis debe centrarse en una normativa o caso específico, detallando los aspectos clave.

Ejemplo de *prompt* comentado:

- Mal *prompt*: «Analiza la ley de suelo».

- Buen *prompt*: «Realiza un análisis jurídico sobre las competencias municipales en la concesión de licencias urbanísticas, según la Ley de Suelo y la jurisprudencia actual».

Comentario: Se indica el contexto (licencias urbanísticas) y la normativa, logrando un análisis ajustado.

7.4.12. Detecta criterios jurisprudenciales al momento

Deben enfocarse en sentencias o interpretaciones relevantes de tribunales en relación con procedimientos administrativos.

Ejemplo de *prompt* comentado:

- Mal *prompt*: «Dame jurisprudencia sobre licencias».

- Buen *prompt*: «Detecta los criterios jurisprudenciales recientes del Tribunal Supremo sobre la denegación de licencias de actividad comercial».

Comentario: Especifica el área de jurisprudencia y el tribunal, lo que ayuda a obtener respuestas precisas.

7.4.13. Crea cláusulas contractuales

Puede referirse a la redacción de cláusulas en convenios o contratos públicos, que deben ser detalladas y respetar la normativa vigente.

Ejemplo de *prompt* comentado:

- Mal *prompt*: «Haz una cláusula de contrato».

- Buen *prompt*: «Redacta una cláusula de confidencialidad para un contrato de prestación de servicios con la Administración Pública, según la Ley de Contratos del Sector Público».

Comentario: Se especifica la cláusula y la normativa, garantizando precisión.

7.4.14. Conclusión

Para crear *prompts* exitosos en Derecho Administrativo, es esencial ser detallado y preciso, especificando el contexto y la normativa aplicable. Esto asegura que Iberley IA pueda proporcionar respuestas completas, útiles y bien fundamentadas, optimizando su uso por parte de los profesionales jurídicos.

7.4.15. 200 ideas para crear *prompts* eficaces en Derecho Administrativo

| 1 | Explicación sobre los procedimientos administrativos sancionadores y su regulación.

| 2 | Requisitos para la interposición de recursos de alzada y reposición.

| 3 | Explicación sobre el principio de transparencia en el Derecho Administrativo español.

| 4 | Guía práctica para presentar alegaciones en un procedimiento administrativo sancionador.

| 5 | Redacción de un recurso de reposición ante resolución administrativa desestimatoria.

| 6 | Normativa y requisitos para la contratación pública menor según la Ley de Contratos del Sector Público.

| 7 | Explicación sobre la expropiación forzosa y sus fases.

| 8 | Requisitos para solicitar la revisión de oficio de actos administrativos nulos.

| 9 | Estrategias para impugnar un acto administrativo por desviación de poder.

| 10 | Explicación sobre el silencio administrativo y sus tipos.

| 11 | Redacción de un escrito de personación en un procedimiento contencioso administrativo.

| 12 | Jurisprudencia sobre la motivación de actos administrativos.

| 13 | Modelo de alegaciones en un procedimiento sancionador por infracción urbanística.

| 14 | Explicación sobre la competencia desleal en contratos públicos.

| 15 | Redacción de un recurso contencioso-administrativo contra una sanción de tráfico.

| 16 | Normativa y procedimiento para solicitar licencia de obra mayor.

| 17 | Explicación sobre el principio de legalidad en el Derecho Administrativo.

| 18 | Guía sobre cómo realizar una reclamación patrimonial por daño derivado de obra pública.

| 19 | Redacción de un recurso de alzada contra la denegación de una ayuda pública.

| 20 | Requisitos y plazos para solicitar la nulidad de pleno derecho de un acto administrativo.

| 21 | Explicación sobre el acceso a la información pública y la Ley de Transparencia.

| 22 | Jurisprudencia sobre la validez de la notificación electrónica en procedimientos administrativos.

| 23 | Modelo de escrito de desistimiento en un procedimiento administrativo.

| 24 | Explicación sobre el principio de proporcionalidad en las sanciones administrativas.

| 25 | Guía para presentar alegaciones en un procedimiento de responsabilidad patrimonial.

| 26 | Redacción de un recurso de reposición contra una multa por infracción medioambiental.

| 27 | Jurisprudencia sobre el reintegro de subvenciones indebidamente percibidas.

| 28 | Explicación sobre la ejecución forzosa de actos administrativos y sus mecanismos.

| 29 | Modelo de escrito de solicitud de prórroga en un procedimiento administrativo.

| 30 | Normativa sobre la caducidad de los procedimientos administrativos y sus efectos.

| 31 | Redacción de un recurso de alzada contra una resolución en un concurso público.

| 32 | Explicación sobre la tramitación de expedientes de contratación en la Administración.

| 33 | Jurisprudencia sobre la responsabilidad patrimonial de la Administración por daños en carretera.

| 34 | Guía para solicitar el reconocimiento de derechos en el ámbito administrativo.

| 35 | Explicación sobre la responsabilidad de la Administración por omisión de medidas de seguridad en edificios públicos.

| 36 | Modelo de escrito de personación en un expediente de expropiación.

| 37 | Explicación sobre la capacidad de obrar en los procedimientos administrativos.

| 38 | Normativa aplicable a la responsabilidad patrimonial sanitaria.

| 39 | Redacción de un escrito de solicitud de informes en un expediente de responsabilidad patrimonial.

| 40 | Jurisprudencia sobre el principio de imparcialidad en los procedimientos administrativos.

| 41 | Explicación sobre el uso de medios electrónicos en la tramitación administrativa.

| 42 | Modelo de recurso contencioso-administrativo contra denegación de licencia urbanística.

| 43 | Requisitos para recurrir en vía contencioso-administrativa.

| 44 | Guía para la presentación de solicitudes de concesión de uso privativo de bienes de dominio público.

| 45 | Explicación sobre el deber de abstención y recusación en procedimientos administrativos.

| 46 | Jurisprudencia sobre la indemnización por daños en bienes por actuaciones administrativas.

| 47 | Redacción de alegaciones en un procedimiento de impugnación de sanción por falta de licencia.

| 48 | Explicación sobre los procedimientos de autorización y licencia en el ámbito ambiental.

| 49 | Modelo de escrito de solicitud de vista de expediente administrativo.

| 50 | Requisitos para solicitar la suspensión de la ejecución de un acto administrativo.

| 51 | Explicación sobre el régimen de concesiones administrativas y sus características.

| 52 | Guía práctica para la impugnación de pliegos de condiciones en contratos públicos.

| 53 | Jurisprudencia sobre la obligación de motivar los actos discrecionales.

| 54 | Redacción de un recurso de reposición contra resolución que impone una sanción por ruido.

| 55 | Explicación sobre la tramitación de procedimientos administrativos de oficio.

| 56 | Modelo de escrito de solicitud de recurso extraordinario de revisión.

| 57 | Jurisprudencia sobre la notificación defectuosa en procedimientos administrativos.

| 58 | Guía para la presentación de una reclamación por responsabilidad patrimonial por caída en la vía pública.

| 59 | Explicación sobre los recursos económicos de las entidades locales y su normativa.

| 60 | Redacción de un recurso contencioso-administrativo contra una sanción por ocupación de dominio público.

| 61 | Normativa sobre las autorizaciones administrativas previas a actividades clasificadas.

| 62 | Ejemplo de escrito de solicitud de exención de responsabilidad administrativa.

| 63 | Explicación sobre la ejecución de sentencias en la jurisdicción contencioso-administrativa.

| 64 | Jurisprudencia sobre la valoración de pruebas en los procedimientos sancionadores.

| 65 | Redacción de un escrito de solicitud de anulación de acto administrativo por error de hecho.

| 66 | Explicación sobre las potestades administrativas sancionadoras y sus límites.

| 67 | Guía para interponer recurso de casación contencioso-administrativo.

| 68 | Jurisprudencia sobre la potestad discrecional en la contratación administrativa.

| 69 | Redacción de un recurso de alzada contra denegación de inscripción en el registro de asociaciones.

| 70 | Explicación sobre el procedimiento administrativo común y la Ley 39/2015.

| 71 | Modelo de alegaciones en un procedimiento de licitación pública.

| 72 | Explicación sobre el régimen de autorización de espectáculos públicos y actividades recreativas.

| 73 | Jurisprudencia sobre el principio de buena fe en la actuación administrativa.

| 74 | Redacción de un escrito de solicitud de ampliación de plazo en un procedimiento administrativo.

| 75 | Explicación sobre el uso del procedimiento abreviado en la jurisdicción contencioso-administrativa.

| 76 | Modelo de recurso de reposición en procedimiento sancionador por infracción urbanística.

| 77 | Jurisprudencia sobre la caducidad de los procedimientos administrativos.

| 78 | Guía para solicitar una licencia de actividad económica en suelo rústico.

| 79 | Explicación sobre la declaración de lesividad de los actos favorables.

| 80 | Redacción de un recurso contencioso-administrativo contra una sanción por vertidos ilegales.

| 81 | Normativa sobre la legalización de edificaciones irregulares.

| 82 | Ejemplo de escrito de denuncia por infracción urbanística.

| 83 | Explicación sobre el procedimiento de licencias de apertura y funcionamiento.

| 84 | Jurisprudencia sobre la aplicación de la sanción mínima en procedimientos administrativos.

| 85 | Redacción de un recurso de alzada contra resolución que impone sanciones económicas.

| 86 | Explicación sobre la resolución de conflictos de competencias entre Administraciones Públicas.

| 87 | Modelo de alegaciones en un procedimiento de responsabilidad patrimonial por daños en instalaciones públicas.

| 88 | Jurisprudencia sobre la ejecución de resoluciones en el ámbito contencioso-administrativo.

| 89 | Redacción de un escrito de solicitud de suspensión cautelar en un procedimiento administrativo.

| 90 | Explicación sobre el principio de eficacia de los actos administrativos.

| 91 | Guía práctica para redactar un informe jurídico sobre la viabilidad de un recurso contencioso-administrativo.

| 92 | Modelo de alegaciones en procedimiento de sanción por incumplimiento de normativa de residuos.

| 93 | Explicación sobre la protección de datos y el cumplimiento de la normativa de la Ley de Protección de Datos.

| 94 | Jurisprudencia sobre la concurrencia de causas de nulidad en procedimientos administrativos.

| 95 | Redacción de un recurso contencioso-administrativo por denegación de solicitud de subvención.

| 96 | Explicación sobre las fases de instrucción y resolución en el procedimiento sancionador.

| 97 | Ejemplo de escrito de alegaciones por sanción de infracción de tráfico.

| 98 | Jurisprudencia sobre la ejecución de actos firmes por la Administración.

| 99 | Redacción de un recurso de reposición por sanción de infracción urbanística.

| 100 | Explicación sobre la responsabilidad de los funcionarios por actos en el ejercicio de sus funciones.

| 101 | Guía para solicitar una exención de pago de tasas administrativas.

| 102 | Redacción de alegaciones para solicitar la nulidad de un acto administrativo por falta de motivación.

| 103 | Explicación sobre los recursos en materia de contratación pública.

| 104 | Jurisprudencia sobre la omisión de procedimientos en el ámbito de licencias urbanísticas.

| 105 | Modelo de escrito de desistimiento de un recurso contencioso-administrativo.

| 106 | Explicación sobre el papel del Defensor del Pueblo en el ámbito administrativo.

| 107 | Jurisprudencia sobre la interposición extemporánea de recursos administrativos.

| 108 | Guía sobre la ejecución forzosa y medios de ejecución administrativa.

| 109 | Explicación sobre los plazos de caducidad y prescripción en el Derecho Administrativo.

| 110 | Redacción de un recurso de reposición por infracción de la normativa de accesibilidad.

| 111 | Ejemplo de escrito de solicitud de información en un procedimiento sancionador.

| 112 | Jurisprudencia sobre la participación ciudadana en procedimientos administrativos.

| 113 | Redacción de un escrito para impugnar una sanción administrativa por ruido.

| 114 | Explicación sobre el principio de congruencia en la resolución administrativa.

| 115 | Guía para solicitar una licencia de apertura de negocio en un local comercial.

| 116 | Modelo de alegaciones en un procedimiento de inspección urbanística.

| 117 | Jurisprudencia sobre la nulidad de pleno derecho de los actos administrativos.

| 118 | Explicación sobre la legitimación activa en procedimientos contencioso-administrativos.

| 119 | Redacción de un recurso contencioso-administrativo por incumplimiento de contrato administrativo.

| 120 | Ejemplo de solicitud de vista de expediente en procedimiento sancionador. |

| 121 | Explicación sobre los principios de transparencia y acceso a la información pública. |

| 122 | Jurisprudencia sobre la validez de las notificaciones electrónicas. |

| 123 | Modelo de escrito de solicitud de reconsideración en vía administrativa. |

| 124 | Redacción de un recurso de alzada por denegación de licencia de apertura. |

| 125 | Explicación sobre la regulación de la expropiación forzosa y los derechos de los afectados. |

| 126 | Ejemplo de escrito de alegaciones contra sanción administrativa por vertidos. |

| 127 | Jurisprudencia sobre el principio de buena administración. |

| 128 | Explicación sobre la compatibilidad de los recursos en vía administrativa y contencioso-administrativa. |

| 129 | Redacción de un escrito de solicitud de vista de expediente sancionador. |

| 130 | Explicación sobre la inscripción y baja en registros administrativos. |

| 131 | Guía práctica sobre cómo presentar recurso de casación administrativa. |

| 132 | Jurisprudencia sobre la retroactividad de los efectos de los actos administrativos. |

| 133 | Ejemplo de escrito de solicitud de suspensión de la ejecución de un acto administrativo. |

| 134 | Redacción de alegaciones en procedimiento por infracción urbanística. |

| 135 | Explicación sobre la suspensión de actos administrativos y medidas cautelares. |

| 136 | Modelo de recurso contencioso-administrativo por negativa de concesión de ayudas públicas. |

| 137 | Jurisprudencia sobre el principio de igualdad en los procedimientos administrativos. |

| 138 | Redacción de un recurso de reposición contra denegación de licencia de obras.

| 139 | Explicación sobre las notificaciones defectuosas y sus consecuencias legales.

| 140 | Guía para solicitar la exención de tasas en procedimientos administrativos.

| 141 | Ejemplo de alegaciones en procedimiento sancionador de tráfico por infracción leve.

| 142 | Redacción de un recurso de reposición por sanción medioambiental.

| 143 | Jurisprudencia sobre los efectos de las sanciones administrativas.

| 144 | Explicación sobre la tramitación electrónica de procedimientos administrativos.

| 145 | Modelo de escrito de alegaciones en procedimiento de inspección medioambiental.

| 146 | Jurisprudencia sobre el plazo de prescripción de sanciones administrativas.

| 147 | Redacción de un escrito de solicitud de nulidad de un acto administrativo por vicio de forma.

| 148 | Explicación sobre la presentación de solicitudes y plazos en el procedimiento administrativo común.

| 149 | Modelo de alegaciones en procedimiento de responsabilidad patrimonial por daños en la vía pública.

| 150 | Jurisprudencia sobre los efectos retroactivos de las resoluciones administrativas.

| 151 | Redacción de un recurso contencioso-administrativo contra la denegación de ayudas.

| 152 | Explicación sobre el principio de eficiencia en la Administración Pública.

| 153 | Guía para solicitar una licencia de obras en zona urbana protegida.

| 154 | Ejemplo de escrito de solicitud de vista de expediente en procedimiento de infracción de tráfico.

| 155 | Jurisprudencia sobre la protección de los derechos de los administrados.

| 156 | Explicación sobre la protección de datos y el cumplimiento de la normativa en la Administración Pública.

| 157 | Redacción de un recurso de reposición contra denegación de licencia de actividad.

| 158 | Ejemplo de escrito de alegaciones en procedimiento de infracción por ruido.

| 159 | Jurisprudencia sobre la aplicación del silencio administrativo positivo.

| 160 | Redacción de un recurso de alzada contra resolución administrativa por infracción de normativa laboral.

| 161 | Explicación sobre la compensación económica en la expropiación forzosa.

| 162 | Modelo de alegaciones en procedimiento de sanción por infracción de normativa medioambiental.

| 163 | Jurisprudencia sobre la nulidad de los actos administrativos que afectan derechos fundamentales.

| 164 | Redacción de un recurso contencioso-administrativo por incumplimiento en contratación pública.

| 165 | Explicación sobre las notificaciones electrónicas obligatorias y sus efectos.

| 166 | Guía práctica sobre la tramitación de autorizaciones administrativas de actividades.

| 167 | Ejemplo de alegaciones en procedimiento de sanción por infracción urbanística.

| 168 | Jurisprudencia sobre la motivación de sanciones administrativas.

| 169 | Redacción de un recurso de reposición contra sanción administrativa por infracción de vertidos.

| 170 | Explicación sobre la revisión de actos administrativos por parte de la Administración.

| 171 | Modelo de escrito de solicitud de audiencia en un procedimiento administrativo sancionador.

| 172 | Jurisprudencia sobre la prescripción de infracciones administrativas.

| 173 | Redacción de alegaciones para solicitar la revisión de un acto administrativo en beneficio del interesado.

| 174 | Explicación sobre la potestad de autotutela administrativa y sus implicaciones.

| 175 | Ejemplo de escrito de alegaciones en procedimiento sancionador por infracción de tráfico.

| 176 | Jurisprudencia sobre los plazos de caducidad en procedimientos administrativos sancionadores.

| 177 | Redacción de un recurso de alzada contra denegación de licencia de apertura de negocio.

| 178 | Explicación sobre la fase de resolución en el procedimiento sancionador.

| 179 | Modelo de escrito de alegaciones en procedimiento de responsabilidad patrimonial por daños.

| 180 | Jurisprudencia sobre el principio de legalidad en la actuación de la Administración Pública.

| 181 | Redacción de un recurso de reposición por sanción administrativa por infracción de normativa de ruido.

| 182 | Explicación sobre el principio de objetividad en la actuación administrativa.

| 183 | Guía sobre la impugnación de sanciones administrativas por infracción medioambiental.

| 184 | Ejemplo de escrito de solicitud de información en procedimiento administrativo.

| 185 | Jurisprudencia sobre el principio de confianza legítima en la actuación administrativa.

| 186 | Redacción de alegaciones en procedimiento por infracción de normativa de accesibilidad.

| 187 | Explicación sobre el deber de resolver y notificar en los procedimientos administrativos.

| 188 | Modelo de recurso contencioso-administrativo por denegación de ayuda pública.

| 189 | Jurisprudencia sobre la responsabilidad patrimonial de la Administración por omisión de medidas de seguridad.

| 190 | Redacción de un recurso de reposición por infracción de normativa de residuos.

| 191 | Explicación sobre las medidas cautelares en los procedimientos contencioso-administrativos.

| 192 | Ejemplo de escrito de solicitud de alegaciones en procedimiento de sanción administrativa.

| 193 | Jurisprudencia sobre la obligación de indemnizar en procedimientos de responsabilidad patrimonial.

| 194 | Redacción de alegaciones contra sanción administrativa por infracción urbanística.

| 195 | Explicación sobre el uso de la vía de hecho en la Administración Pública.

| 196 | Guía sobre la legalización de edificaciones en suelo rústico.

| 197 | Ejemplo de alegaciones en procedimiento por infracción de normativa de tráfico.

| 198 | Jurisprudencia sobre los derechos de los administrados en procedimientos administrativos sancionadores.

| 199 | Redacción de un recurso de alzada por infracción de normativa de contratación pública.

| 200 | Explicación sobre la nulidad de pleno derecho en el procedimiento administrativo.

7.5. *Prompts* en el ámbito del Derecho Fiscal y Tributario

Mostramos una guía detallada sobre cómo crear *prompts* exitosos y de gran calidad para Derecho Fiscal y Tributario, aplicable a cada uno de los supuestos mencionados. Esto ayudará a los profesionales a utilizar Iberley IA y ChatGPT de manera eficaz y obtener respuestas precisas y útiles.

7.5.1. Consultas jurídicas

Las consultas deben enfocarse en detalles específicos de la normativa tributaria, plazos, deducciones, sanciones y procedimientos aplicables. A menudo es útil mencionar leyes, reglamentos específicos o incluso casos reales para obtener respuestas más precisas.

Ejemplo de *prompt* comentado:

- Mal *prompt*: «Dime sobre impuestos de herencias».

- Buen *prompt*: «¿Cuáles son los requisitos y plazos para liquidar el Impuesto sobre Sucesiones y Donaciones en Andalucía, incluyendo bonificaciones autonómicas?».

Comentario: El buen *prompt* especifica el tipo de impuesto y la comunidad autónoma, lo que permite una respuesta adaptada a la legislación local.

7.5.2. Creación de escritos

La redacción de escritos puede incluir recursos de reposición, alegaciones en procedimientos de inspección, o solicitudes de aplazamientos de pago. El *prompt* debe ser claro sobre el tipo de escrito y el motivo del mismo.

Ejemplo de *prompt* comentado:

- Mal *prompt*: «Redacta un escrito».

- Buen *prompt*: «Redacta un recurso de reposición contra una liquidación de IVA que ha sido emitida erróneamente, citando el artículo 120 de la Ley General Tributaria».

Comentario: Se especifica el tipo de impuesto y el artículo relevante de la normativa, lo que facilita una respuesta precisa y enfocada.

7.5.3. Traducciones jurídicas

Las traducciones deben mantener la terminología técnica tributaria para asegurar precisión, como términos relativos a tipos de impuestos, deducciones y sanciones.

Ejemplo de *prompt* comentado:

- Mal *prompt*: «Traduce un documento».

– **Buen** *prompt*: «Traduce al inglés un documento que explique los beneficios fiscales para startups en España, asegurando la precisión de términos tributarios».

Comentario: Al indicar el contexto (beneficios fiscales para startups), se asegura que la traducción conserve los términos relevantes.

7.5.4. Redacción de burofaxes

Los burofaxes pueden servir para notificar impagos, requerir la justificación de un gasto o comunicar la presentación de un recurso. Es esencial ser claro y conciso en el propósito de la comunicación.

Ejemplo de *prompt* **comentado:**

– **Mal** *prompt*: «Escribe un burofax».

– **Buen** *prompt*: «Redacta un burofax solicitando al contribuyente la justificación de los gastos deducidos en su declaración de IRPF del ejercicio 2022».

Comentario: Se especifica el tipo de comunicación (burofax), el propósito (justificación de gastos) y el ejercicio fiscal, lo que facilita una respuesta ajustada.

7.5.5. Generación de informes legales

Un informe fiscal debe incluir un análisis exhaustivo de la normativa aplicable y la jurisprudencia. Es útil detallar el objetivo del informe y el ámbito geográfico.

Ejemplo de *prompt* **comentado:**

– **Mal** *prompt*: «Haz un informe fiscal».

– **Buen** *prompt*: «Elabora un informe legal sobre las implicaciones fiscales de la venta de inmuebles en Madrid, incluyendo el cálculo de la plusvalía municipal y las obligaciones de IRPF».

Comentario: Se especifica el tipo de operación y los impuestos involucrados, permitiendo un análisis profundo.

7.5.6. Creación de guías prácticas

Las guías deben incluir un paso a paso claro y práctico sobre cómo cumplir con obligaciones fiscales, como la presentación de impuestos o la solicitud de aplazamientos.

Ejemplo de *prompt* comentado:

- Mal *prompt*: «Haz una guía de impuestos».

- Buen *prompt*: «Crea una guía práctica sobre cómo presentar el modelo 720 de declaración de bienes en el extranjero, detallando plazos, procedimiento y sanciones».

Comentario: El *prompt* específico permite una guía detallada y adaptada al cumplimiento de una obligación fiscal concreta.

7.5.7. Asesoría en redacción de contratos

En contratos donde haya implicaciones fiscales, es crucial incluir cláusulas que detallen la fiscalidad, como retenciones o distribución de impuestos entre las partes.

Ejemplo de *prompt* comentado:

- Mal *prompt*: «Escribe un contrato».

- Buen *prompt*: «Redacta una cláusula en un contrato de compraventa de empresa que incluya la responsabilidad tributaria de cada parte en la liquidación del Impuesto sobre Transmisiones Patrimoniales».

Comentario: Se especifica la cláusula y el impuesto aplicable, proporcionando un enfoque claro.

7.5.8. Elaboración de resúmenes jurídicos

Los resúmenes deben presentar de forma breve los cambios legislativos o las obligaciones fiscales y sus implicaciones.

Ejemplo de *prompt* comentado:

– **Mal *prompt***: «Resumen sobre impuestos».

– **Buen *prompt***: «Resume los principales cambios introducidos por la Ley 11/2021 de medidas contra el fraude fiscal, centrándote en el modelo 720 y las nuevas sanciones».

Comentario: Indica la ley y el área específica de cambios, permitiendo un resumen relevante y conciso.

7.5.9. Creación de mails para clientes

Los correos deben ser claros y comunicativos, explicando procedimientos o recordatorios de plazos fiscales.

Ejemplo de *prompt* comentado:

– **Mal *prompt***: «Escribe un mail».

– **Buen *prompt***: «Redacta un correo para informar a un cliente sobre el vencimiento del plazo para presentar el modelo 130, detallando las consecuencias de no hacerlo a tiempo».

Comentario: Detalla el contenido del correo, lo que ayuda a redactar un mensaje eficaz.

7.5.10. Crea estrategias judiciales y procesales

Las estrategias deben incluir la defensa o impugnación en procedimientos fiscales, como recursos ante el Tribunal Económico-Administrativo Regional (TEAR).

Ejemplo de *prompt* comentado:

– **Mal *prompt***: «Estrategia para un juicio fiscal».

– **Buen *prompt***: «Desarrolla una estrategia procesal para recurrir una sanción por declaración extemporánea de IRPF, citando jurisprudencia y argumentos de defensa».

Comentario: Define claramente el objetivo de la estrategia y los aspectos a incluir, lo que facilita un plan detallado.

7.5.11. Crea análisis jurídicos

El análisis debe enfocarse en interpretaciones de normativa y jurisprudencia sobre impuestos específicos.

Ejemplo de *prompt* comentado:

- Mal *prompt*: «Haz un análisis».

- Buen *prompt*: «Analiza las implicaciones del artículo 107 de la Ley de Haciendas Locales sobre la plusvalía municipal tras la sentencia del Tribunal Constitucional de 2021».

Comentario: Elige un tema específico, facilitando un análisis profundo y relevante.

7.5.12. Detecta criterios jurisprudenciales al momento

Los criterios deben enfocarse en decisiones relevantes de tribunales sobre temas como sanciones o deducciones fiscales.

Ejemplo de *prompt* comentado:

- Mal *prompt*: «Dame jurisprudencia sobre impuestos».

- Buen *prompt*: «Detecta los criterios recientes del Tribunal Supremo sobre la deducibilidad de gastos en el IRPF para autónomos».

Comentario: Especifica el tema y el tribunal, lo que permite una búsqueda efectiva de jurisprudencia.

7.5.13. Crea cláusulas contractuales

Las cláusulas deben especificar las obligaciones fiscales de las partes en transacciones y acuerdos.

Ejemplo de *prompt* comentado:

- Mal *prompt*: «Haz una cláusula».

- Buen *prompt*: «Redacta una cláusula que especifique quién asume el pago del IVA en un contrato de prestación de servicios entre empresas».

Comentario: Especifica el contexto del contrato y el impuesto, garantizando una respuesta útil.

7.5.14. Conclusión

La creación de *prompts* efectivos en Derecho Fiscal y Tributario implica ser detallado, incluir la normativa específica, y definir claramente el contexto y el objetivo del resultado deseado. De esta manera, Iberley IA puede proporcionar respuestas precisas, completas y útiles, optimizando su uso por parte de los profesionales jurídicos.

7.5.15. 200 ideas para crear *prompts* eficaces en Derecho Fiscal y tributario

| 1 | ¿Cómo debe aumentarse el rendimiento neto de módulos cuando se obtiene una subvención de capital?

| 2 | Dime qué bonificación tiene un menor de 32 años en el pago del ITP en Barcelona.

| 3 | Escisión de rama de actividad y neutralidad fiscal.

| 4 | Un socio administrador de una sociedad limitada recibe nómina como trabajador. ¿Tiene derecho a reducción de IRPF?

| 5 | Una persona de nacionalidad maltesa, residente en España, vende una propiedad en Malta. ¿Dónde tributar?

| 6 | Redacta un escrito de ofrecimiento de pruebas para desvirtuar irregularidades y acreditar el pago de IVA.

| 7 | La falta de aportación de facturas por las que una persona se ha aplicado una deducción en IVA, ¿es motivo de sanción?

| 8 | Explicación clara sobre el mínimo personal y familiar del IRPF.

| 9 | Contabilización de impuestos en la compra de un fondo de comercio.

| 10 | Régimen del IVA para la actividad de venta en tienda física de productos alimenticios y accesorios para mascotas.

| 11 | Régimen del IVA para la actividad de peluquería de mascotas.

| 12 | Epígrafe del IAE para un autónomo que realiza actividad de peluquería canina.

| 13 | IVA en facturas de asociaciones sin ánimo de lucro por conciertos.

| 14 | Epígrafe de IAE para un youtuber.

| 15 | Plazo de la inspección para remitir el expediente al TEAR y posibilidad de informe complementario.

| 16 | Diferencias entre cuenta contable 400 y 410.

| 17 | Último día de presentación de impuestos del tercer trimestre.

| 18 | Información sobre blanqueo de capitales si el comprador es una SOCIMI cotizada.

| 19 | Documentación necesaria para presentar el impuesto de donación en Bizkaia.

| 20 | Opinión sobre inversión cultural con deducción del 120% en el Impuesto de Sociedades.

| 21 | Fiscalidad de las asociaciones.

| 22 | Fiscalidad relacionada con la reducción de capital y la extracción de un vehículo de la sociedad.

| 23 | Impuestos relacionados con la aportación de un vehículo a una sociedad limitada.

| 24 | Guía sobre cómo declarar una herencia y trámites relacionados.

| 25 | Situación del IVA en la adjudicación de un vehículo a un socio único en una liquidación de empresa.

| 26 | Impacto del IVA en eventos realizados por empresas españolas en Francia.

| 27 | La falta de información sobre el régimen de recursos en una liquidación provisional, ¿es causa de nulidad?

| 28 | Ordenanza fiscal sobre el impuesto de incremento del valor de terrenos urbanos.

| 29 | Consulta sobre la venta de una finca rústica con inversión del sujeto pasivo (IVA).

| 30 | Estrategia de defensa en un caso de fraude fiscal.

| 31 | Proceso de impugnación de una liquidación de IRPF tras una revisión fiscal.

| 32 | Fiscalidad de la plusvalía municipal en venta de inmueble tras reforma de la Ley.

| 33 | Normas sobre la exención de IVA en exportaciones de bienes.

| 34 | Fiscalidad de arras penitenciales en contratos de compraventa de inmuebles.

| 35 | Aplicación de la regla de prorrata en deducciones de IVA.

| 36 | Explicación sobre la inversión del sujeto pasivo en servicios de construcción.

| 37 | Beneficios fiscales en la compraventa de primera vivienda en Madrid.

| 38 | Requisitos para acogerse al régimen de impatriados (Ley Beckham).

| 39 | Impacto fiscal de la dación en pago de una vivienda.

| 40 | Deducción en el IRPF por donaciones a ONG en España.

| 41 | Reducción de la base imponible por aportaciones a planes de pensiones en el IRPF.

| 42 | Procedimiento para solicitar la devolución del IVA por parte de turistas extranjeros.

| 43 | Explicación sobre la declaración de bienes en el extranjero (Modelo 720).

| 44 | Plazo para rectificar autoliquidaciones del IVA.

| 45 | Fiscalidad de una herencia con bienes situados en varias comunidades autónomas.

| 46 | Cálculo del Impuesto de Sucesiones en Andalucía.

| 47 | Tratamiento fiscal de las stock options para empleados en España.

| 48 | Régimen fiscal de una sociedad holding y sus implicaciones.

| 49 | IVA aplicable a la venta de productos digitales a consumidores de la UE.

| 50 | Consulta sobre la doble imposición internacional en el IRPF.

| 51 | Procedimiento para aplicar el IVA reducido en obras de rehabilitación de vivienda.

| 52 | Explicación sobre el impuesto de patrimonio y exenciones aplicables.

| 53 | Tratamiento fiscal de indemnizaciones por despido en el IRPF.

| 54 | Diferencias entre el régimen fiscal de sociedades limitadas y autónomos.

| 55 | Impuestos aplicables en la compra de una finca rústica en Navarra.

| 56 | Procedimiento de inspección fiscal y derechos del contribuyente.

| 57 | Explicación sobre el IRNR para no residentes que alquilan inmuebles en España.

| 58 | Redacción de recurso de reposición contra sanción tributaria.

| 59 | Fiscalidad de las criptomonedas en el IRPF.

| 60 | Explicación de la base imponible en la transmisión de participaciones sociales.

| 61 | Tratamiento del IVA en la importación de bienes desde China.

| 62 | Modelo de declaración de responsabilidad solidaria en el pago de deudas fiscales.

| 63 | Fiscalidad de la venta de inmuebles entre familiares.

| 64 | Procedimiento para solicitar el aplazamiento de deudas tributarias.

| 65 | Explicación sobre la exención del IBI para determinados colectivos.

| 66 | Fiscalidad de las retribuciones en especie en el IRPF.

| 67 | Régimen fiscal de las entidades sin fines lucrativos.

| 68 | Tratamiento fiscal de los dividendos percibidos por un residente en España.

| 69 | Explicación de las exenciones en el impuesto de donaciones.

| 70 | Impacto fiscal de la transmisión de inmuebles con usufructo.

| 71 | Procedimiento para declarar beneficios fiscales en el Impuesto sobre Sociedades.

| 72 | Fiscalidad de las cesiones de uso de vehículos por parte de empresas a empleados.

| 73 | Modelo de recurso contra una sanción de Hacienda por presentación fuera de plazo.

| 74 | Explicación de la exención por reinversión en vivienda habitual en el IRPF.

| 75 | Obligaciones fiscales de un residente fiscal que recibe rentas del extranjero.

| 76 | Cálculo del IVA deducible en actividades con prorrata especial.

| 77 | Plazos para la presentación del Impuesto sobre el Patrimonio.

| 78 | Fiscalidad de la compraventa de una segunda residencia.

| 79 | Procedimiento para el reconocimiento de deducciones por familia numerosa.

| 80 | Explicación sobre la declaración de herederos y sus implicaciones fiscales.

| 81 | Impacto del IVA en la compraventa de vehículos usados entre particulares.

| 82 | Procedimiento de rectificación de autoliquidación de IVA en caso de error.

| 83 | Modelo de carta solicitando aplazamiento de deudas tributarias a Hacienda.

| 84 | Explicación sobre el régimen especial del criterio de caja en el IVA.

| 85 | Tratamiento fiscal de las bonificaciones en el Impuesto de Actividades Económicas.

| 86 | Fiscalidad en la cesión de derechos de imagen.

| 87 | Explicación sobre el tratamiento fiscal de las donaciones recibidas en vida.

| 88 | Cómo aplicar la deducción por maternidad en el IRPF.

| 89 | Impacto fiscal de la reducción de capital con devolución de aportaciones.

| 90 | Explicación sobre la tributación de dividendos recibidos por socios residentes en el extranjero.

| 91 | Explicación sobre las ventajas fiscales en la donación de vivienda habitual.

| 92 | ¿Cuándo se aplica el régimen de consolidación fiscal en el Impuesto sobre Sociedades?

| 93 | Procedimiento para solicitar el aplazamiento de deudas tributarias en la AEAT.

| 94 | Requisitos para la exención del IVA en exportaciones de bienes a países fuera de la UE.

| 95 | Explicación sobre el Impuesto sobre la Renta de no Residentes y su cálculo.

| 96 | Diferencias entre la tributación de una donación y una herencia en España.

| 97 | Plazos de prescripción en los impuestos sobre bienes inmuebles (IBI).

| 98 | Fiscalidad aplicable a la venta de derechos de suscripción preferente.

| 99 | Normativa sobre la deducción por doble imposición de dividendos en el Impuesto de Sociedades.

| 100 | Explicación sobre el concepto de «valor de mercado» en las operaciones vinculadas.

| 101 | Tratamiento fiscal de las retribuciones en especie a empleados.

| 102 | Criterios para deducir los gastos financieros en el Impuesto sobre Sociedades.

| 103 | Procedimiento para la impugnación de una liquidación complementaria de IRPF.

| 104 | Normas sobre la declaración de bienes en el extranjero (Modelo 720).

| 105 | Cálculo y aplicación de la deducción por inversión en I+D+i.

| 106 | Régimen fiscal de las sociedades holding en España.

| 107 | Tratamiento fiscal de la amortización acelerada de bienes de inversión.

| 108 | ¿Cómo tributan los arrendamientos turísticos en el IRPF y el IVA?

| 109 | Requisitos para la aplicación del régimen de módulos en actividades agrícolas.

| 110 | Explicación sobre la regla de prorrata en el IVA.

| 111 | Tratamiento fiscal de las indemnizaciones por despido en el IRPF.

| 112 | Documentación requerida para acreditar la residencia fiscal en España.

| 113 | Régimen de exenciones en el Impuesto de Sucesiones y Donaciones entre familiares directos.

| 114 | Procedimiento de devolución del IVA soportado en otro país de la UE.

| 115 | Cálculo de la cuota líquida en el Impuesto sobre Sociedades.

| 116 | Diferencias entre retención y pago fraccionado en el IRPF.

| 117 | Explicación sobre la compatibilidad entre la deducción por maternidad y otras ayudas.

| 118 | Normativa sobre el tratamiento fiscal de las criptomonedas en el IRPF.

| 119 | Implicaciones fiscales de una fusión de empresas por absorción.

| 120 | Redacción de un escrito de alegaciones ante una liquidación provisional de IVA.

| 121 | ¿Qué gastos son deducibles para los autónomos en el IRPF?

| 122 | Explicación sobre el Impuesto sobre el Patrimonio y exenciones aplicables.

| 123 | Fiscalidad de los planes de pensiones al momento de su rescate.

| 124 | Plazo de caducidad de las deudas tributarias en España.

| 125 | Impacto fiscal de una dación en pago de vivienda.

| 126 | Tributación de las sociedades civiles tras la reforma de la Ley del Impuesto de Sociedades.

| 127 | Normas de facturación para operaciones intracomunitarias.

| 128 | Cálculo de las cuotas de IVA en operaciones triangulares.

| 129 | Tratamiento fiscal de las subvenciones para la rehabilitación de edificios.

| 130 | Requisitos para deducir los gastos de representación en el Impuesto sobre Sociedades.

| 131 | Explicación sobre el régimen fiscal de las cooperativas.

| 132 | ¿Cómo tributan las indemnizaciones por seguros en el IRPF?

| 133 | Obligaciones fiscales en la transmisión de un inmueble por donación.

| 134 | Régimen fiscal de las actividades económicas en régimen de estimación directa.

| 135 | Documentación necesaria para la comprobación de valores en transmisiones patrimoniales.

| 136 | Explicación sobre las infracciones tributarias y sus sanciones.

| 137 | Procedimiento para solicitar la devolución del IRPF por cláusulas suelo.

| **138** | Fiscalidad de los dividendos percibidos de entidades extranjeras.

| **139** | Normativa y plazos para la liquidación de plusvalía municipal.

| **140** | Cálculo del pago a cuenta en el Impuesto sobre Sociedades.

| **141** | Fiscalidad de las aportaciones a ONG y deducciones en el IRPF.

| **142** | Redacción de un recurso contra la denegación de aplazamiento de deuda tributaria.

| **143** | Explicación sobre la exención de ganancias patrimoniales por reinversión en vivienda habitual.

| **144** | Obligaciones fiscales de las comunidades de propietarios en España.

| **145** | Normativa sobre el pago del IVA en la importación de bienes.

| **146** | Explicación sobre el régimen fiscal de las empresas familiares.

| **147** | Tratamiento fiscal de las operaciones de permuta en el IRPF y el IVA.

| **148** | Impacto fiscal del despido de un trabajador con derecho a indemnización exenta.

| **149** | Explicación sobre el Modelo 111 y su presentación.

| **150** | Régimen especial de la consolidación fiscal en grupos de sociedades.

| **151** | ¿Cómo se tributan las ganancias obtenidas por la venta de acciones en el IRPF?

| **152** | Explicación de la regla de inversión del sujeto pasivo en el IVA.

| **153** | Normativa sobre la declaración censal (Modelo 036/037) y sus modificaciones.

| **154** | Tratamiento fiscal de las rentas obtenidas por arrendamientos de inmuebles.

| **155** | Explicación sobre la deducción por familia numerosa en el IRPF.

| 156 | Cálculo de la retención de IRPF para rendimientos del trabajo en especie.

| 157 | Normativa sobre la compensación de bases imponibles negativas en el Impuesto sobre Sociedades.

| 158 | Requisitos para la exención de IVA en la prestación de servicios médicos.

| 159 | Procedimiento para solicitar el certificado de residencia fiscal en España.

| 160 | Normativa sobre la tributación de los premios de loterías y apuestas.

| 161 | Explicación sobre la responsabilidad solidaria en las deudas tributarias.

| 162 | Impacto fiscal de la venta de vivienda con hipoteca pendiente.

| 163 | Régimen de deducción de las cuotas de IVA soportadas no deducibles inicialmente.

| 164 | Explicación sobre la opción por la aplicación del régimen simplificado del IVA.

| 165 | Cálculo y procedimiento de devolución del Impuesto de Sucesiones.

| 166 | Fiscalidad de las aportaciones a sistemas de previsión social del cónyuge.

| 167 | Normativa sobre la declaración de rentas en el extranjero en el IRPF.

| 168 | Requisitos para deducir los gastos de suministros en el caso de teletrabajo.

| 169 | Explicación sobre el régimen de importación temporal en el IVA.

| 170 | Tratamiento fiscal de los gastos de publicidad y promoción en el Impuesto sobre Sociedades.

| 171 | Normativa y cálculo del recargo de equivalencia en el IVA.

| 172 | Procedimiento para solicitar la devolución del IVA por bienes adquiridos en el extranjero.

| 173 | Explicación sobre la limitación de la deducibilidad de los gastos financieros.

| 174 | Impacto fiscal de la venta de una empresa como unidad económica.

| 175 | Cálculo de la cuota de IVA en operaciones de leasing.

| 176 | Normativa sobre el tratamiento fiscal de los intereses moratorios en el IRPF.

| 177 | Procedimiento para la solicitud de aplazamiento del pago de retenciones.

| 178 | Régimen fiscal de las empresas dedicadas a la investigación y desarrollo.

| 179 | Normativa sobre las deducciones por inversión en vivienda en el IRPF.

| 180 | Explicación sobre la compensación de cuotas negativas en el IVA.

| 181 | Tratamiento fiscal de los vehículos de empresa y su uso personal.

| 182 | Obligaciones fiscales de los herederos en la liquidación de impuestos tras un fallecimiento.

| 183 | Procedimiento de revisión de la base imponible en el IVA por incobrables.

| 184 | Impacto fiscal de la donación de acciones y su valoración.

| 185 | Requisitos y procedimiento para solicitar el aplazamiento del IVA trimestral.

| 186 | Explicación sobre la exención de la venta de vivienda habitual por cambio de residencia fiscal.

| 187 | Fiscalidad de las sociedades anónimas cotizadas de inversión inmobiliaria (SOCIMI).

| 188 | Cálculo de la base imponible en operaciones de autoconsumo de bienes.

| 189 | Normativa sobre el tratamiento fiscal de las plusvalías por transmisiones patrimoniales.

| 190 | Explicación sobre el régimen fiscal de las donaciones entre cónyuges.

| 191 | Procedimiento para reclamar la devolución del Impuesto de Actos Jurídicos Documentados.

| 192 | Normativa sobre la tributación de los traspasos de negocio.

| 193 | Tratamiento fiscal de las operaciones de factoring y su impacto en el IVA.

| 194 | Explicación sobre la fiscalidad de los intereses por depósitos en el extranjero.

| 195 | Impacto fiscal del cese de actividad de un autónomo y liquidación de impuestos.

| 196 | Procedimiento para solicitar la revisión de valor catastral y su implicación fiscal.

| 197 | Normativa sobre la tributación de los fondos de inversión en el IRPF.

| 198 | Explicación sobre la deducción por inversión en capital de empresas de nueva creación.

| 199 | Régimen fiscal de los dividendos en especie y su tributación en el IRPF.

| 200 | Procedimiento para la presentación del Impuesto sobre Sociedades y plazos legales.

7.6. *Prompts* en el ámbito del Derecho Mercantil

Desarrollar *prompts* efectivos para Derecho Mercantil implica comprender la complejidad y el contexto de las cuestiones comerciales, corporativas y contractuales. Aquí te explico cómo crear *prompts* exitosos y de alta calidad para cada uno de los supuestos en derecho mercantil, junto con ejemplos y explicaciones detalladas para sacar el máximo partido a Iberley IA y ChatGPT.

7.6.1. Consultas jurídicas

Las consultas deben enfocarse en aspectos específicos de la legislación mercantil, tales como contratos, fusiones, sociedades y obligaciones de los miembros de una junta directiva.

Ejemplo de *prompt* comentado:

- **Mal *prompt***: «Dime sobre la Ley de Sociedades de Capital».

- **Buen *prompt***: «¿Cuáles son las principales obligaciones de los administradores de una SRL en España según la Ley de Sociedades de Capital?».

Comentario: El buen *prompt* especifica la estructura societaria y la ley aplicable, facilitando una respuesta precisa.

7.6.2. Creación de escritos

Los escritos pueden incluir demandas, contratos y solicitudes de registro. Es importante ser claro sobre el propósito y las cláusulas específicas que se desean redactar.

Ejemplo de *prompt* comentado:

- **Mal *prompt***: «Haz un escrito de contrato».

- **Buen *prompt***: «Redacta un contrato de suministro entre dos sociedades mercantiles, especificando las condiciones de entrega y penalidades por retraso».

Comentario: El contexto del contrato y los elementos clave están bien definidos.

7.6.3. Traducciones jurídicas

Las traducciones deben mantener la terminología específica del comercio, como «acciones preferentes», «sociedad anónima» y «fusión por absorción».

Ejemplo de *prompt* comentado:

- **Mal *prompt***: «Traduce este documento».

- **Buen *prompt***: «Traduce al inglés un contrato de joint venture, asegurando la precisión de los términos mercantiles».

Comentario: El *prompt* se enfoca en un tipo de contrato específico, garantizando la terminología adecuada.

7.6.4. Redacción de burofaxes

Los burofaxes pueden usarse para notificar incumplimientos contractuales, reclamaciones de pago o advertencias legales entre empresas.

Ejemplo de *prompt* comentado:

- Mal *prompt*: «Escribe un burofax».

- Buen *prompt*: «Redacta un burofax para notificar a un cliente empresarial sobre el incumplimiento de las condiciones de pago en un contrato de suministro».

Comentario: Se especifica la naturaleza de la notificación, facilitando una respuesta detallada.

7.6.5. Generación de informes legales

Los informes deben incluir análisis de casos mercantiles, impacto de reformas legislativas o evaluación de riesgos en contratos complejos.

Ejemplo de *prompt* comentado:

- Mal *prompt*: «Haz un informe legal».

- Buen *prompt*: «Elabora un informe sobre las implicaciones de la reforma de la Ley de Sociedades de Capital de 2023 en cuanto a la responsabilidad de los administradores».

Comentario: Especifica la reforma y el área de impacto, permitiendo un análisis completo.

7.6.6. Creación de guías prácticas

Las guías deben ser claras y ofrecer pasos específicos para procesos mercantiles como la constitución de una sociedad o la preparación de una junta de accionistas.

Ejemplo de *prompt* comentado:

- Mal *prompt*: «Haz una guía».

– **Buen *prompt***: «Crea una guía práctica para constituir una sociedad limitada en España, detallando los documentos requeridos y el proceso de registro».

Comentario: Define el tipo de guía y los elementos a incluir, lo que permite una respuesta estructurada.

7.6.7. Asesoría en redacción de contratos

La redacción de contratos en derecho mercantil debe incluir cláusulas detalladas sobre derechos y obligaciones, penalidades, y resolución de disputas.

Ejemplo de *prompt* comentado:

– **Mal *prompt***: «Redacta un contrato».

– **Buen *prompt***: «Redacta un contrato de compraventa de acciones con cláusulas sobre la responsabilidad del vendedor y la garantía de activos».

Comentario: Se especifica el tipo de contrato y las cláusulas necesarias.

7.6.8. Elaboración de resúmenes jurídicos

Los resúmenes deben ser concisos y destacar los puntos clave de leyes, reformas o jurisprudencia.

Ejemplo de *prompt* comentado:

– **Mal *prompt***: «Resumen de la Ley de Sociedades».

– **Buen *prompt***: «Resume los cambios clave en la Ley de Sociedades de Capital introducidos por la reforma de 2023 y su impacto en las juntas de accionistas».

Comentario: Especifica el ámbito del resumen y la relevancia de los cambios.

7.6.9. Creación de mails para clientes

Los correos deben ser formales y claros, informando sobre asuntos importantes como plazos para registro, decisiones de junta, o cambios legislativos.

Ejemplo de *prompt* comentado:

- Mal *prompt*: «Escribe un correo».

- Buen *prompt*: «Redacta un correo para informar a un cliente sobre el vencimiento del plazo para la presentación de cuentas anuales y las posibles sanciones por no cumplirlo».

Comentario: Se indica el propósito del correo y el tema, proporcionando claridad al asistente.

7.6.10. Crea estrategias judiciales y procesales

Las estrategias deben incluir defensas o alegatos en procesos como disputas entre socios, incumplimientos de contratos o insolvencias.

Ejemplo de *prompt* comentado:

- Mal *prompt*: «Haz una estrategia para un juicio».

- Buen *prompt*: «Desarrolla una estrategia judicial para defender a una empresa en un proceso por incumplimiento de contrato de suministro, destacando la falta de pruebas aportadas por la parte demandante».

Comentario: Indica la situación y el enfoque de la defensa.

7.6.11. Crea análisis jurídicos

Los análisis deben ser exhaustivos y contemplar la legislación aplicable, así como jurisprudencia relevante.

Ejemplo de *prompt* comentado:

- Mal *prompt*: «Haz un análisis».

- **Buen** *prompt*: «Analiza los requisitos y consecuencias de la disolución de una sociedad limitada por causa estatutaria en España».

Comentario: Especifica el tipo de análisis y la normativa aplicable.

7.6.12. Detecta criterios jurisprudenciales al momento

El objetivo es encontrar criterios de tribunales que aclaren o determinen la aplicación de leyes mercantiles.

Ejemplo de *prompt* **comentado**:

- **Mal** *prompt*: «Dame jurisprudencia sobre sociedades».

- **Buen** *prompt*: «Detecta la jurisprudencia más reciente del Tribunal Supremo sobre la responsabilidad de los administradores en sociedades en concurso de acreedores».

Comentario: Se enfoca en un tema concreto y en un tribunal específico.

7.6.13. Crea cláusulas contractuales

Las cláusulas deben detallar obligaciones, condiciones de pago, resolución de disputas y otros aspectos relevantes.

Ejemplo de *prompt* **comentado**:

- **Mal** *prompt*: «Escribe una cláusula».

- **Buen** *prompt*: «Redacta una cláusula de confidencialidad para un contrato de colaboración entre empresas, especificando la duración y las excepciones permitidas».

Comentario: Especifica el tipo de cláusula y los detalles a incluir.

7.6.14. Conclusión

Crear *prompts* exitosos en derecho mercantil implica claridad, especificidad y un enfoque en las normativas y prácticas aplicables. Estos ejemplos y comentarios ayudan a maximizar la utilidad de Iberley IA para obtener respuestas precisas y detalladas en todas las áreas del derecho mercantil.

7.6.15. 200 ideas para crear *prompts* eficaces en Derecho Mercantil

| 1 | Explicación sobre el contrato de franquicia, incluyendo normativa y jurisprudencia aplicable.
| 2 | Análisis de la responsabilidad solidaria en los contratos de distribución.
| 3 | Redacción de un contrato de compraventa internacional de mercancías.
| 4 | Cláusula de responsabilidad por cumplimiento de calidad de producto.
| 5 | Explicación sobre la diferencia entre fusión y absorción de empresas.
| 6 | Redacta un contrato de agencia conforme a la Ley de Contrato de Agencia.
| 7 | Cláusula de exclusividad en contratos de distribución comercial.
| 8 | Normativa aplicable a los pactos parasociales y ejemplos de cláusulas.
| 9 | Redacción de un burofax reclamando defectos en productos entregados.
| 10 | Explicación de la cláusula de «pacta sunt servanda» y su aplicación en contratos mercantiles.
| 11 | Ejemplo de acta de junta extraordinaria aprobando el reparto de dividendos.
| 12 | Análisis de la doctrina del Tribunal Supremo sobre la distribución de productos en exclusiva.

| 13 | Procedimiento para la disolución y liquidación de una sociedad limitada.

| 14 | Explicación sobre los derechos y obligaciones del socio minoritario en una S.L.

| 15 | Redacta una cláusula de resolución anticipada en un contrato mercantil.

| 16 | Modelo de acuerdo en junta general para facultar al presidente a reclamar una deuda.

| 17 | Plazo de prescripción de la acción de responsabilidad contra los administradores de una sociedad anónima.

| 18 | ¿Cuál es la normativa aplicable a las operaciones de reestructuración empresarial?

| 19 | Redacción de un contrato de arrendamiento financiero (leasing).

| 20 | Explicación sobre las garantías reales y personales en contratos mercantiles.

| 21 | Ejemplo de cláusula de no competencia en un contrato de compraventa de empresa.

| 22 | Procedimiento para la impugnación de acuerdos sociales en una S.L.

| 23 | Explicación sobre el concepto de «capital social mínimo» en sociedades anónimas y limitadas.

| 24 | Redacta un acta de constitución de una sociedad limitada.

| 25 | Modelo de cláusula de arras en contratos de compraventa mercantil.

| 26 | Diferencias entre un contrato de concesión y uno de distribución.

| 27 | Ejemplo de cláusula de confidencialidad en un contrato mercantil.

| 28 | Procedimiento para la convocatoria de junta general de socios.

| 29 | Redacción de una carta de intenciones (LOI) en operaciones de adquisición de empresa.

| 30 | Explicación sobre la acción de responsabilidad por deudas sociales.

| 31 | ¿Qué es una carta de patrocinio y cómo se utiliza en Derecho Mercantil?

| 32 | Explicación de la figura del administrador concursal y sus funciones.

| 33 | Redacta un contrato de joint venture entre dos empresas.

| 34 | Procedimiento para modificar los estatutos sociales en una S.L.

| 35 | Cláusula contractual de limitación de responsabilidad en un contrato de servicios.

| 36 | Análisis de la responsabilidad de los socios en una sociedad colectiva.

| 37 | Redacción de un acuerdo de confidencialidad (NDA) entre empresas.

| 38 | Explicación sobre el concepto de «cuenta de participación» en Derecho Mercantil.

| 39 | ¿Qué es un contrato de factoring y cuáles son sus características?

| 40 | Ejemplo de cláusula penal por incumplimiento en un contrato mercantil.

| 41 | Normativa sobre el depósito de cuentas anuales en el Registro Mercantil.

| 42 | Explicación sobre las fases del proceso concursal en España.

| 43 | Redacción de un contrato de suministro de productos.

| 44 | Cláusula de arbitraje en un contrato de franquicia.

| 45 | Redacta un contrato de sociedad civil.

| 46 | Explicación sobre la responsabilidad por daños y perjuicios en contratos mercantiles.

| 47 | Modelo de carta de aviso de impago de facturas a un cliente.

| 48 | Normativa y procedimiento para el aumento de capital social en una S.L.

| 49 | Explicación sobre la constitución de sociedades mercantiles en España.

| 50 | Ejemplo de acuerdo de socios sobre distribución de beneficios.

| 51 | Redacta un contrato de depósito mercantil.

| 52 | Explicación sobre el derecho de separación de los socios en una S.L.

| 53 | Redacción de un contrato de mediación mercantil.

| 54 | ¿Qué es el derecho de suscripción preferente y cómo se aplica?

| 55 | Cláusula de fuerza mayor en un contrato mercantil.

| 56 | Modelo de escrito de convocatoria de junta general ordinaria.

| 57 | Explicación sobre el tratamiento contable de las aportaciones no dinerarias en sociedades mercantiles.

| 58 | Procedimiento para la transformación de una sociedad limitada en anónima.

| 59 | Cláusula de exclusión de socio por incumplimiento de obligaciones estatutarias.

| 60 | Redacción de una cláusula de rescisión por incumplimiento de contrato.

| 61 | Explicación sobre la responsabilidad solidaria de los administradores por deudas tributarias.

| 62 | ¿Qué es una sociedad comanditaria por acciones y cuáles son sus características?

| 63 | Redacción de un contrato de compraventa de participaciones sociales.

| 64 | Explicación sobre la junta universal y sus requisitos en Derecho Mercantil.

| 65 | Modelo de burofax para exigir el cumplimiento de un contrato mercantil.

| 66 | Explicación sobre la cesión de créditos y sus implicaciones legales.

| 67 | Redacta una cláusula de resolución amistosa de conflictos en contratos mercantiles.

| 68 | Procedimiento para la reactivación de una sociedad disuelta.

| 69 | Explicación sobre la prohibición de competencia para los administradores de una sociedad.

| 70 | Redacción de un acuerdo de escisión parcial de una sociedad.

| 71 | ¿Cómo se lleva a cabo el proceso de disolución de una sociedad limitada?

| 72 | Redacta un acta de junta general aprobando la disolución de la sociedad.

| 73 | Ejemplo de cláusula de indemnización en un contrato mercantil.

| 74 | Explicación sobre la contabilidad de los contratos de arrendamiento financiero.

| 75 | Procedimiento para la venta de activos de una empresa en liquidación.

| 76 | Normativa sobre la inscripción de sociedades mercantiles en el Registro Mercantil.

| 77 | Explicación sobre los derechos de voto y quórum en juntas generales.

| 78 | Modelo de contrato de préstamo mercantil entre empresas.

| 79 | ¿Qué es un contrato de comisión mercantil y cómo se redacta?

| 80 | Ejemplo de cláusula de revisión de precios en un contrato de suministro.

| 81 | Explicación sobre el concepto de «capitalización de reservas» en una sociedad.

| 82 | Redacta un escrito de renuncia de un administrador de una sociedad.

| 83 | Cláusula de protección de datos en contratos mercantiles.

| 84 | Explicación sobre la absorción de una sociedad y sus efectos legales.

| 85 | Procedimiento para la inscripción de una fusión en el Registro Mercantil.

| 86 | Redacción de un contrato de colaboración empresarial.

| 87 | Explicación sobre el concepto de «sociedad patrimonial» y su fiscalidad.

| 88 | Ejemplo de cláusula de seguro de responsabilidad civil para administradores.

| 89 | Redacta un contrato de préstamo participativo entre empresas.

| 90 | Explicación sobre las juntas telemáticas y sus requisitos legales.

| 91 | Modelo de contrato de compraventa de acciones de una sociedad.

| 92 | Normativa sobre el derecho de información de los socios en una S.L.

| 93 | Redacta un contrato de arrendamiento de negocio.

| 94 | Explicación sobre el concepto de «acción derivada» y su aplicación en sociedades.

| 95 | Procedimiento para la liquidación de una sociedad anónima.

| 96 | Ejemplo de cláusula de confidencialidad post-contractual en contratos.

| 97 | Explicación sobre la responsabilidad por deudas sociales en sociedades disueltas.

| 98 | Modelo de contrato de compraventa de empresa.

| 99 | Explicación sobre el régimen de responsabilidad de los socios en una cooperativa.

| 100 | Redacta una cláusula de prórroga automática de contrato mercantil.

| 101 | Explicación sobre la naturaleza y tipos de aportaciones sociales en las S.L.

| 102 | Redacta un escrito de nombramiento de administrador de una sociedad.

| 103 | Modelo de cláusula de ampliación de capital en una sociedad.

| 104 | Explicación sobre el proceso de transformación de una sociedad anónima en limitada.

| 105 | Redacta un contrato de suministro internacional de mercancías.

| 106 | Ejemplo de cláusula de subrogación en contratos de compraventa de empresa.

| 107 | Explicación sobre las juntas de socios y sus tipos.

| 108 | Redacción de un acuerdo de reducción de capital por pérdidas.

| 109 | Procedimiento para presentar un recurso contra una denegación del Registro Mercantil.

| 110 | Explicación sobre el capital mínimo requerido para crear una sociedad anónima.

| 111 | Redacta un modelo de acta de junta general extraordinaria.

| 112 | Explicación sobre el concepto de «acción de nulidad» en acuerdos societarios.

| 113 | Ejemplo de contrato de arrendamiento financiero operativo (renting).

| 114 | Redacta un burofax notificando la cesión de contrato mercantil.

| 115 | Explicación sobre el derecho de preferencia en la venta de participaciones.

| 116 | Modelo de acta de constitución de una cooperativa.

| 117 | Redacción de una carta de renuncia voluntaria de un socio.

| 118 | Explicación sobre la cláusula de permanencia en contratos de distribución.

| 119 | Procedimiento para el reparto de dividendos en una sociedad limitada.

| **120** | Modelo de contrato de consorcio empresarial para licitaciones públicas. |

| **121** | Ejemplo de cláusula de retribución variable en contratos de alta dirección. |

| **122** | Redacta un contrato de exclusividad comercial. |

| **123** | Explicación sobre el concepto de «aportaciones no dinerarias» en sociedades. |

| **124** | Procedimiento para la cesión de activos y pasivos en una fusión empresarial. |

| **125** | Modelo de carta de aviso de incumplimiento de contrato mercantil. |

| **126** | Explicación sobre la responsabilidad penal de las personas jurídicas. |

| **127** | Ejemplo de cláusula de rescisión sin causa en contratos mercantiles. |

| **128** | Redacta un escrito para convocar junta general de socios. |

| **129** | Explicación sobre las garantías contractuales en la compraventa internacional. |

| **130** | Procedimiento para la compra de acciones propias por parte de una sociedad. |

| **131** | Redacción de un acta de junta de socios para aprobar cuentas anuales. |

| **132** | Ejemplo de contrato de licencia de uso de marca. |

| **133** | Explicación sobre los tipos de sociedades mercantiles y sus diferencias. |

| **134** | Modelo de acuerdo de constitución de una UTE (Unión Temporal de Empresas). |

| **135** | Redacción de un contrato de compraventa de local comercial. |

| **136** | Explicación sobre el proceso de capitalización de deuda en sociedades. |

| **137** | Cláusula de renuncia a la acción de impugnación en contratos societarios. |

| 138 | Procedimiento para realizar un aumento de capital con prima de emisión.

| 139 | Redacta un contrato de cesión de derechos de crédito.

| 140 | Explicación sobre la responsabilidad por deudas en una sociedad en comandita.

| 141 | Modelo de contrato de colaboración para desarrollo de software.

| 142 | Ejemplo de cláusula de reversión de derechos en contratos de licencia.

| 143 | Redacta un acuerdo de socios sobre la administración de la empresa.

| 144 | Explicación sobre la prohibición de asistencia financiera en S.L.

| 145 | Modelo de contrato de prestación de servicios de asesoría empresarial.

| 146 | Procedimiento para nombrar a un liquidador en la disolución de una sociedad.

| 147 | Ejemplo de contrato de arrendamiento de maquinaria industrial.

| 148 | Explicación sobre los derechos de los acreedores en la liquidación de una empresa.

| 149 | Redacta un acuerdo de cesión de derechos de marca y patentes.

| 150 | Modelo de cláusula de arbitraje internacional en contratos mercantiles.

| 151 | Explicación sobre el concepto de «patrimonio neto» y su cálculo.

| 152 | Procedimiento para el registro de cambios de domicilio social en el Registro Mercantil.

| 153 | Redacta un contrato de compraventa de franquicia.

| 154 | Ejemplo de cláusula de ajuste de precio en contratos de compraventa.

| 155 | Explicación sobre la aplicación de las normas de competencia en contratos mercantiles.

156	Modelo de acuerdo de exclusión de un socio en una S.L.
157	Redacción de un contrato de colaboración para joint venture.
158	Explicación sobre la cláusula de «exit» en pactos parasociales.
159	Procedimiento para realizar la convocatoria de una junta de socios por medios electrónicos.
160	Modelo de contrato de préstamo entre sociedades del mismo grupo.
161	Explicación sobre la diferencia entre capital fijo y capital variable en sociedades.
162	Redacta un acuerdo de ampliación de capital por compensación de créditos.
163	Ejemplo de cláusula de no competencia en pactos de socios.
164	Procedimiento para la adquisición de participaciones sociales por la propia sociedad.
165	Redacta un contrato de prestación de servicios de logística y transporte.
166	Explicación sobre el concepto de «fusiones transfronterizas» en la UE.
167	Modelo de cláusula de confidencialidad en contrato de compraventa de empresa.
168	Ejemplo de contrato de transferencia de tecnología.
169	Explicación sobre el derecho de preferencia en aumentos de capital.
170	Redacta un acuerdo de garantía de pasivo en la venta de una empresa.
171	Procedimiento para impugnar la exclusión de un socio de una S.L.
172	Modelo de contrato de agencia comercial internacional.
173	Ejemplo de cláusula de retención de título en contratos mercantiles.

| 174 | Explicación sobre el tratamiento fiscal de las aportaciones de socios.

| 175 | Redacta un escrito para la renuncia de derechos de voto en una S.L.

| 176 | Procedimiento para la fusión de sociedades con distintas nacionalidades.

| 177 | Modelo de cláusula de seguro de caución en contratos mercantiles.

| 178 | Ejemplo de contrato de alquiler con opción a compra de un negocio.

| 179 | Explicación sobre las reglas de constitución de una sociedad por suscripción pública.

| 180 | Redacta un acuerdo de liquidación de deudas entre empresas.

| 181 | Procedimiento para la constitución de una sociedad de responsabilidad limitada.

| 182 | Ejemplo de cláusula de duración y terminación de contrato.

| 183 | Redacta un contrato de prestación de servicios de marketing y publicidad.

| 184 | Explicación sobre la venta de activos y pasivos en procesos concursales.

| 185 | Modelo de acuerdo de incorporación de un nuevo socio a una S.L.

| 186 | Procedimiento para nombrar a un auditor de cuentas en una sociedad.

| 187 | Ejemplo de cláusula de ajuste por inflación en contratos de suministro.

| 188 | Explicación sobre los efectos de la disolución de una sociedad anónima.

| 189 | Redacta un contrato de compraventa de mercancías a plazo.

| 190 | Modelo de cláusula de rescisión anticipada de contrato por incumplimiento.

| 191 | Explicación sobre la capitalización de deuda en sociedades mercantiles.

| 192 | Ejemplo de contrato de fideicomiso mercantil.

| 193 | Redacta un acuerdo de cambio de objeto social en una S.L.

| 194 | Procedimiento para la reducción de capital en una sociedad anónima.

| 195 | Modelo de cláusula de revisión de contrato por circunstancias sobrevenidas.

| 196 | Explicación sobre la responsabilidad del liquidador en el proceso de disolución.

| 197 | Redacta un contrato de consultoría mercantil.

| 198 | Ejemplo de cláusula de resolución de conflictos en contratos de franquicia.

| 199 | Procedimiento para la presentación de cuentas anuales en el Registro Mercantil.

| 200 | Modelo de contrato de compraventa de acciones de una empresa cotizada.

8

RESUMEN Y FIJACIÓN DE CONOCIMIENTOS

A lo largo de este manual, hemos explorado de manera exhaustiva las técnicas y recomendaciones para la creación de *prompts* eficaces dirigidos a operadores jurídicos. Este capítulo tiene como objetivo sintetizar lo aprendido y ofrecer un resumen que fije los conocimientos adquiridos.

8.1. Pilares fundamentales para crear *prompts* eficaces

1. **Claridad y precisión**: La base de un *prompt* efectivo es que sea claro, conciso y directo. Los operadores deben formular preguntas específicas que faciliten respuestas completas y precisas.

2. **Contexto adecuado**: Proporcionar contexto es esencial para guiar a la IA hacia una respuesta más relevante. Detallar el tipo de caso, el ámbito jurídico y las leyes aplicables mejora notablemente la calidad de la respuesta.

3. **Terminología específica**: Utilizar términos legales apropiados y evitar el lenguaje ambiguo asegura que la IA entienda correctamente la solicitud.

4. **Solicitar referencias legales y jurisprudencia**: Incluir en el *prompt* la petición de citas legales y sentencias recientes ayuda a respaldar la información proporcionada.

5. **División en preguntas simples**: Dividir las solicitudes complejas en *prompts* más pequeños y específicos es clave para obtener respuestas más detalladas y útiles.

8.2. Resumen de áreas del derecho y ejemplos clave

- **Derecho Laboral**: La redacción de *prompts* debe enfocarse en detalles como los derechos de los trabajadores, normativas de despido y cláusulas contractuales. Ejemplo de *prompt* eficaz: «¿Cuáles son las obligaciones de un empleador en caso de despido colectivo según la legislación española?».

- **Derecho Civil**: Los *prompts* pueden abarcar desde contratos hasta herencias. Ejemplo de *prompt* eficaz: «Resume las disposiciones clave del artículo 1902 del Código Civil sobre la responsabilidad extracontractual, incluyendo jurisprudencia».

- **Derecho Penal**: Es fundamental ser específico sobre el delito y las implicaciones. Ejemplo de *prompt* eficaz: «¿Cuáles son los elementos constitutivos del delito de lesiones graves según el Código Penal y qué jurisprudencia lo respalda?».

- **Derecho Mercantil**: Detallar el tipo de sociedad, contrato o procedimiento mercantil es clave. Ejemplo de *prompt* eficaz: «¿Cuáles son las obligaciones de los administradores de una SRL según la Ley de Sociedades de Capital?».

- **Derecho Fiscal y Tributario**: Indicar la normativa tributaria y el ámbito es esencial. Ejemplo de *prompt* eficaz: «Elabora un informe sobre las implicaciones fiscales de la venta de inmuebles en Madrid, incluyendo el cálculo de la plusvalía municipal».

- **Derecho Administrativo**: Detallar el procedimiento administrativo o el tipo de recurso es vital. Ejemplo de *prompt* eficaz: «¿Cuáles son los requisitos para reclamar la responsabilidad patrimonial de la Administración según la Ley 39/2015?».

8.3. Consejos finales para maximizar el uso de la IA

- **Refina y ajusta los *prompts* según los resultados obtenidos**: Si la primera respuesta no es lo suficientemente precisa, revisa y ajusta el *prompt*.

- **Aplica ejemplos prácticos**: Solicitar ejemplos y casos prácticos en los *prompts* mejora la comprensión de las respuestas.

- **Mantén un enfoque actualizado**: La normativa y la jurisprudencia cambian, por lo que es importante verificar la vigencia de las respuestas.

Con estos principios y ejemplos, los operadores jurídicos pueden aplicar técnicas de *prompts* para obtener el máximo valor de las herramientas de IA, optimizando así la eficiencia y la precisión de su práctica profesional.

9

PREGUNTAS FRECUENTES

1. ¿Qué es un *prompt* y por qué es importante en Iberley IA y GPT?

Un *prompt* es una instrucción o pregunta que formulamos para que la IA pueda generar una respuesta precisa. Es la base para obtener resultados relevantes y útiles al interactuar con Iberley IA y GPT. *Prompts* bien formulados maximizan la efectividad de estas herramientas.

2. ¿Qué ocurre si no formulo bien mi *prompt*?

Si el *prompt* no está claro, es ambiguo o carece de contexto, la IA puede generar respuestas incompletas, confusas o irrelevantes. Por ejemplo, un *prompt* como «Háblame de contratos» es demasiado amplio. En cambio, un buen *prompt* sería: «¿Cuáles son las cláusulas esenciales de un contrato de arrendamiento de vivienda en España según la legislación vigente?».

3. ¿Qué beneficios obtengo al usar Iberley IA con GPT en mi práctica jurídica?

- Acceso a información jurídica actualizada.
- Automatización de tareas repetitivas como la redacción de escritos.
- Respuestas precisas y adaptadas al contexto legal español.
- Ahorro de tiempo en la búsqueda de normativa y jurisprudencia.
- Mejora en la toma de decisiones legales.

4. ¿Cuándo debo abrir un nuevo hilo al interactuar con GPT?

Cada vez que cambies de tema o realices una consulta no relacionada con el contexto anterior. Esto evita que las respuestas incluyan información irrelevante. Por ejemplo, al pasar de «contratos laborales» a «sanciones administrativas», es necesario iniciar un nuevo hilo.

5. ¿Cómo puedo asegurarme de que la información que recibo está actualizada?

Iberley IA está diseñado para proporcionar información actualizada. Al formular el *prompt*, puedes especificar que deseas referencias recientes, por ejemplo: «¿Qué dice la jurisprudencia más reciente sobre el despido objetivo en España?».

6. ¿Qué áreas del derecho cubre Iberley IA?

Iberley IA es compatible con todas las áreas principales del derecho español, incluyendo:

- Derecho Civil.
- Derecho Penal.
- Derecho Administrativo.
- Derecho Mercantil.
- Derecho Laboral.
- Derecho Tributario.

7. ¿Cómo optimizar la formulación de *prompts* en cada área del derecho?

- **Civil**: Especifica el tipo de contrato, herencia o caso. Ejemplo: «Redacta un contrato de arrendamiento con opción a compra».
- **Penal**: Incluye los elementos del delito y las penas. Ejemplo: «¿Qué establece el Código Penal sobre la estafa y sus agravantes?».
- **Laboral**: Detalla las cláusulas o normativas aplicables. Ejemplo: «¿Cuáles son las implicaciones del despido disciplinario en un contrato indefinido?».
- **Administrativo**: Menciona procedimientos y plazos.

Ejemplo: «Elabora un recurso de reposición contra una sanción urbanística».

8. ¿Qué debo hacer si la respuesta de la IA no es exacta?

- Revisa tu *prompt* para asegurarte de que sea claro y específico.
- Añade contexto adicional para orientar mejor a la IA.
- Reformula la pregunta si es necesario y vuelve a intentarlo.

9. ¿Cómo puedo aprovechar mejor las capacidades de Iberley IA en comparación con un asistente tradicional?

Iberley IA combina el poder de la IA generativa con una base de datos legal actualizada, lo que le permite responder de forma más precisa y detallada que otros asistentes legales. Por ejemplo, puedes pedirle no solo un resumen de una ley, sino también jurisprudencia aplicable o incluso redactar un documento basado en tus necesidades específicas.

10. ¿Cómo manejar consultas complejas que requieren múltiples pasos?

Desglosa la consulta en preguntas más pequeñas y maneja cada una como un paso separado. Ejemplo:

1. «¿Qué establece el Código Civil sobre la propiedad horizontal?».
2. «¿Qué obligaciones tienen los propietarios según la jurisprudencia reciente?».
3. «Redacta un escrito para una comunidad de propietarios notificando un incumplimiento».

11. ¿Cómo puedo integrar Iberley IA con mis tareas diarias como abogado?

- Usándolo para redactar borradores legales.
- Consultando normativa y jurisprudencia específica.
- Creando guías prácticas para clientes.
- Generando estrategias legales basadas en casos similares.

12. ¿Qué hacer si necesito información sobre una normativa muy específica?

Proporciona el nombre exacto de la normativa y el tema. Ejemplo: «¿Qué establece el artículo 15 del Estatuto de los Trabajadores sobre contratos temporales?».

13. ¿Puedo usar *prompts* para obtener ejemplos prácticos?

Sí, puedes solicitar ejemplos de casos reales o situaciones hipotéticas. Ejemplo: «Proporcióname un ejemplo de cómo aplicar el artículo 33 del Código Penal en un caso de lesiones graves».

14. ¿Qué errores debo evitar al usar Iberley IA y GPT?

- No abrir nuevos hilos al cambiar de tema.
- Formular preguntas ambiguas o incompletas.
- No pedir referencias legales o jurisprudenciales específicas.
- Usar *prompts* demasiado extensos que mezclen varios temas.

15. ¿Cómo sé si mi *prompt* es lo suficientemente bueno?

Un buen *prompt* debe:

- Ser claro y específico.
- Proporcionar contexto relevante.
- Indicar el formato de la respuesta deseada (resumen, listado, análisis, etc.).
- Evitar ambigüedades.

16. ¿Qué ejemplos de *prompts* me ayudarán a mejorar?

- «Resume los derechos de los trabajadores en caso de despido colectivo».
- «Redacta un recurso de alzada contra una resolución administrativa de sanción».
- «¿Qué jurisprudencia reciente existe sobre cláusulas abusivas en contratos hipotecarios?».

17. ¿Cuáles son los mayores beneficios de dominar la técnica de *prompts*?

- Optimizar el tiempo y la calidad del trabajo.
- Obtener respuestas más precisas y útiles.
- Mejorar la eficiencia en la redacción y consulta de documentos legales.
- Explorar de manera más eficaz la capacidad de la IA en diferentes áreas del derecho.

18. ¿Qué valor añadido ofrece este libro para profesionales del derecho?

El libro no solo enseña a formular *prompts* eficaces, sino que también muestra cómo Iberley IA y GPT pueden transformar tu práctica jurídica. Aprenderás a aplicar técnicas prácticas, evitar errores comunes y aprovechar al máximo las capacidades de la IA.

19. ¿Qué significa que Iberley IA usa GPT?

La plataforma de inteligencia artificial de Iberley combina varios componentes tecnológicos para ofrecer un servicio completo y eficiente. Uno de los elementos clave en esta arquitectura es GPT, que es la tecnología responsable de procesar las consultas del usuario y generar respuestas de alto nivel.

Esto significa que:

- GPT utiliza su modelo de lenguaje avanzado para comprender las preguntas del usuario en profundidad, incluso si son complejas o están formuladas de manera coloquial.
- La tecnología GPT es capaz de generar razonamientos jurídicos bien estructurados basados en la información actualizada que Iberley IA le proporciona.
- Iberley IA complementa a GPT con una base de datos legal completa y siempre actualizada, que incluye normativa, jurisprudencia y doctrina específica del ámbito jurídico español.

En resumen, GPT es la herramienta que interpreta y genera las respuestas, mientras que Iberley IA asegura que la información proporcionada esté alineada con el marco legal actual y sea precisa para cada contexto. Esta combinación es lo que hace que Iberley IA sea una herramienta disruptiva y confiable para los operadores jurídicos.

20. ¿Qué es Iberley IA y dónde puedo usarlo?

Iberley IA es un asistente legal basado en inteligencia artificial que integra la tecnología de GPT con una amplia base de datos jurídica especializada en el ordenamiento legal español. Se trata de una herramienta diseñada para optimizar el trabajo de los profesionales del derecho, permitiendo consultas rápidas, redacción de documentos y acceso inmediato a normativa y jurisprudencia actualizada.

¿Dónde está disponible?

Iberley IA se encuentra en el portal Iberley.es. Los usuarios pueden activarlo fácilmente a través de la plataforma, ya sea mediante una suscripción mensual o anual.

¿Cómo contratarlo?

1. Accede al portal www.iberley.es.
2. Dirígete a la sección de Iberley IA y elige el plan que mejor se adapte a tus necesidades (mensual o anual).
3. Activa el asistente y comienza a aprovechar todas sus capacidades para optimizar tu práctica jurídica.

Ventajas clave:

- Disponible las 24 horas, lo que garantiza asistencia en cualquier momento.
- Respuestas rápidas y adaptadas a las consultas específicas de cada usuario.
- Herramienta ideal tanto para abogados individuales como para despachos jurídicos de cualquier tamaño.

Esta solución está diseñada para cualquier profesional del derecho que desee aumentar su eficiencia, reducir tiempos de búsqueda y generar documentos legales de alta calidad.